俄语系列图书

新编商务俄语教程

XINBIAN SHANGWU EYU JIAOCHENG

主　　编　李　芳　　ЗАЙЧЕНКО Н.Д.[俄]
副 主 编　冯海霞　　吴亚男　　李　辉
编　　者　姜明奎　　栾玉凤　　杨立明
　　　　　付天松

贴近生活 ● 语言规范
内容丰富 ● 实用帮手

大家一起从**早**到**晚**说俄语

哈尔滨工业大学出版社
HARBIN INSTITUTE OF TECHNOLOGY PRESS

内容简介

《新编商务俄语教程》是针对普通高校俄语专业的硕士生、本科生、专科生、自考生及非俄语专业(如经济、法律专业)学习俄语的学生的商务俄语课堂教学编写的一本商务口语教程,同时还适合从事对俄商务工作和俄语翻译工作的人员使用。

全书由 10 个单元、12 个附录和单词表组成。每个单元自成体系,突出时代性、交际性、实用性、可操作性和基础性等特点,以在俄境内从事商务活动为背景,以结识;俄罗斯的企业、公司;俄罗斯广告;俄罗斯银行体制;俄罗斯的保险;供货价格、条件及付款方式;各种展销会、展览会;俄罗斯的交通运输;俄罗斯的税收政策;俄语公文写作方法等内容为教程的主线,由浅入深,环环相扣。

附录部分附有俄罗斯现行海关报关单、货物报关单、银行存款单、进出口合同文本等原文材料,以利学习者直观了解俄罗斯商务俄语方面的文本资料。

图书在版编目(CIP)数据

新编商务俄语教程/李芳主编. —哈尔滨:哈尔滨工业大学出版社,2007.8(2021.8 重印)
高等学校"十一五"规划教材
ISBN 978 - 7 - 5603 - 2596 - 5

Ⅰ.①新… Ⅱ.①李… Ⅲ.①商务-俄语-高等学校-教材 Ⅳ.①H35

中国版本图书馆 CIP 数据核字(2007)第 124822 号

责任编辑	甄淼淼
封面设计	刘长友
出版发行	哈尔滨工业大学出版社
社　　址	哈尔滨市南岗区复华四道街 10 号　邮编 150006
传　　真	0451 - 86414749
网　　址	http://hitpress.hit.edu.cn
印　　刷	哈尔滨市工大节能印刷厂
开　　本	787mm×960mm　1/16　印张 13.75　字数 350 千字
版　　次	2007 年 8 月第 1 版　2021 年 8 月第 7 次印刷
书　　号	ISBN 978 - 7 - 5603 - 2596 - 5
定　　价	39.80 元

(如因印装质量问题影响阅读,我社负责调换)

前 言

随着中俄经贸合作的日益深入,培养既通晓俄语又精通经贸业务的人才问题已经成为制约中俄两国市场进一步拓展的瓶颈。有鉴于此,我们组织俄罗斯与中国的高校教师编写了这本《新编商务俄语教程》。

该教程适用于普通高校俄语专业的硕士生、本科生、专科生、自考生、非俄语专业(如经济、法律专业)学习俄语的学生的商务俄语课堂教学,同时还适合从事对俄商务工作和俄语翻译工作的人员使用。

《新编商务俄语教程》是一本商务口语教程,是中俄两国学者共同协作的成果。教程的特色在于:一、时代性。教程的选材涉及近两年来俄罗斯最新的现行俄语商务条例、政策、法规,并附有相关俄罗斯国情知识,信息量大,时代感强。二、交际性。教程的编写遵循突出学习者商务口语交际能力训练与强化的原则,材料鲜活、上口,利于交际。三、实用性。教程按俄罗斯原版教材的编写规则编写,以中国公司及赴俄开展商务活动工作人员的实际需要为出发点,以赴俄入境直到进一步开展各项商务工作为内容主线,步步深入,具有很强的实用性。四、可操作性。教程以附录形式给出俄罗斯现行海关报关单(俄、英、中三种文字)、货物报关单、银行存款利率表、标准进出口合同文本等原件表格材料12份,学习者在课堂上就可以动手学会填写俄罗斯海关报关单等材料,了解进出口合同的文本内容等,使教程在突出商务口语交际特点的同时,具有很强的可操作性。五、基础性。在教材编写过程中,出于让学习者掌握商务俄语各方面内容的基础知识和基本词汇的考虑,在每个单元都设置了帮助学生理解记忆的基本词汇和汉语翻译,并在单元言语训练中进一步强化了这些基础词汇的应用。

《新编商务俄语教程》由10个单元及12个附录组成。通过10个单元的学习,学习者可以具备以下方面的俄语商务交际能力：初到俄罗斯过海关、入住宾馆及与俄方合作伙伴会面；了解俄罗斯企业类型、公司类型及如何开办注册自己的合资企业；了解俄罗斯的广告行情、广告种类、收费标准及如何为自己的商品做广告；了解俄罗斯的银行制度、银行类型、账目往来规则；了解俄罗斯的保险条例、险种及如何为本公司的财产及员工的人身安全上保险；了解俄罗斯商品的物价、商品的供货条件、付款方式及签订供货合同应注意的事项；了解俄罗斯的各种展销会、展览会及参加展销会的方法与途径；了解俄罗斯的交通运输状况及有关购车、租车、驾车、停车等信息；了解俄罗斯的税收政策；了解俄语商务公文写作规范、结构与格式，并按给出的标准公文例文学会用俄语起草商务公文。最后附有各单元单词表，便于学习者查询。

附录部分附有俄罗斯现行海关报关单、货物报关单、银行存款单、进出口合同文本等原文材料 12 份，便于学习者直观了解俄罗斯商务俄语文本资料。

参加本书编写的有俄罗斯圣波得堡对外经济与法律学院哈巴罗夫斯克分院、黑龙江大学、黑龙江东方学院、哈尔滨师范大学等高校的教师学者。俄文部分的主要内容由俄方教师 ЗАЙЧЕНКО Н. Д. 执笔，中文释义部分的完成者为中方教师：第一、二、三、四单元——冯海霞，第五、六、七单元——吴亚男，第八、九、十单元——李辉。姜明奎、栾玉凤、杨立明、付天松对本书资料的分类整理、单词表的排序、释义做了工作。全书由李芳教授负责统稿，最后由俄方教师 КУЛЬПИНА Л. Ю. ，ПАК С. М. 及中方教师殷剑平教授、涂明教授提出修改意见并审阅定稿。

希望本书的出版能够弥补目前国内此类教科书内容过于陈旧的不足，给大专院校的商务俄语教学提供新的教学内容。

由于时间仓促，编者水平有限，本书难免有缺点和疏漏，恳请广大读者批评指正。

编　者

2007 年 8 月

目 录

РАЗДЕЛ 1	Добро пожаловать в Россию ·················	1
Текст I	Прибытие самолетом ·················	1
Диалог I	На таможне — пограничный и таможенный контроль ·················	3
Диалог II	В гостинице ·················	12
РАЗДЕЛ 2	Предприятия в России. Совместное предприятие. Фирма. Компания ·················	17
Текст I	О совместном предприятии ·················	17
Текст II	Предприятия в России ·················	23
Текст III	Об основных направлениях развития лесного комплекса Хабаровского края ·················	26
Диалог I	Устройство на работу ·················	29
Диалог II	На фирме ·················	34
РАЗДЕЛ 3	Реклама ·················	40
Текст I	О рекламе ·················	40
Текст II	Роль слогана в рекламе ·················	43
Диалог I	О размещении рекламы ·················	45
РАЗДЕЛ 4	Банковская система в России ·················	50
Текст I	Банковская система России ·················	50
Текст II	Функции Центрального банка России ·················	53
Текст III	Банки Хабаровска ·················	55
Текст IV	Виды вкладов ·················	58
Текст V	Кредитование населения ·················	60

	Диалог I	Откроем счет в банке	62
	Диалог II	Оформляем кредит	65

РАЗДЕЛ 5 Страхование в России ... 68
    Текст I   Что такое страхование? ... 68
    Текст II   О страховых компаниях в России ... 72
    Текст III   Страхование грузов ... 74
    Диалог I   Страхование автомобиля ... 75
    Диалог II   Что страхуют компании в России? ... 77

РАЗДЕЛ 6 О ценах, условиях поставки и платежа ... 80
    Текст I   О цене ... 80
    Текст II   Что такое Инкотермс? ... 83
    Текст III   Перевозка грузов ... 85
    Диалог I   Обсуждение о ценах поставки ... 87
    Диалог II   Обсуждение и подписание договора ... 88
    Диалог III   Обсуждение условий платежа ... 91
    Диалог IV   Подаем рекламацию ... 95

РАЗДЕЛ 7 Принимаем участие в ярмарке ... 98
    Текст I   Хабаровская международная ярмарка ... 98
    Текст II   Выставка «Архитектура, стройиндустрия Дальневосточного региона» ... 99
    Текст III   Ознакомьтесь с обязательствами участника ярмарки ... 103
    Текст IV   Ознакомьтесь с обязанностями организаторов ярмарки ... 104
    Текст V   Подготовка к ярмарке ... 105
    Диалог I   На ярмарке ... 107
    Диалог II   Ярмарки в России ... 109

РАЗДЕЛ 8 Автотранспорт. Автомобиль на прокат ... 111
    Текст I   Водитель на дороге ... 111
    Текст II   Немного истории ... 115

Текст Ⅲ	Прокат автомобиля	117
Диалог Ⅰ	В автомобиле	120
Диалог Ⅱ	Арендуем автомобиль	121

РАЗДЕЛ 9 Налоги 124
Текст Ⅰ	О налогах	124
Текст Ⅱ	Какие доходы не подлежат налогообложению?	127
Текст Ⅲ	О таможенных пошлинах	130
Диалог Ⅰ	Какие налоги платят в России?	132
Диалог Ⅱ	Налогообложение иностранных предприятий в России	134

РАЗДЕЛ 10 Деловая корреспонденция 137
Ⅰ	Деловое письмо	137
Ⅱ	Письмо-запрос	138
Ⅲ	Письмо-предложение	140
Ⅳ	Заключение договора	141
Ⅴ	Сопроводительные документы	142
Ⅵ	Подтверждение заказа	143
Ⅶ	Рекламация	144

ПРИЛОЖЕНИЕ 147

Приложене 1. Таможенная декларация	149
1.1 На русском языке	149
1.2 На английском языке	151
1.3 На китайском языке	153
Приложене 2. Личный листок по учету кадров	155
Приложене 3. Систематизация функций, подлежащих использованию в создаваемой структуре	158
Приложене 4. Вклады, которые предлагает Внешторбанк	160
Приложене 5. Сберегательный банк российской федерации	163
Приложене 6. Ипотечное кредитование	168
Приложене 7. Грузовая таможенная декларация	170
Приложене 8. Договор поставки	174

Приложене 9. Контракт ·· 180
Приложене 10. Контракт на китайском и русском языках ·········· 185
Приложене 11. Договор на поставку товаров для экспорта ········ 190
Приложене 12. Договор купли-продажи товара ··················· 194

Словник ·· 202

РАЗДЕЛ 1
Добро пожаловать в Россию

Текст:
  Ⅰ. Прибытие самолетом ················ 1

Диалоги:
  Ⅰ. На таможне — пограничный и таможенный контроль ················ 3
  Ⅱ. В гостинице ················ 12

 Текст Ⅰ

Прибытие самолетом

Утром наш самолет совершил посадку в международном аэропорту города Хабаровска. Полет из Харбина в Хабаровск длился всего 2 часа, поэтому не показался нам утомительным. К тому же это был беспосадочный рейс. В здании аэропорта пассажиры нашего рейса прошли паспортный контроль и стали ждать багаж. Предстояло заполнить декларацию...

Наконец-то дело было сделано. Мы получили багаж и отправились на таможенный досмотр.

В таможенном пункте было много народу. Но ничего не поделаешь. Мы заняли очередь. Время тянулось медленно. Не зря говорят: ждать и догонять — нет ничего хуже!

Таможенники тщательно просматривали декларацию, проверяли багаж, ручную кладь. Наша группа относительно быстро прошла таможенный досмотр, так как у нас не было вещей, подлежащих обложению пошлиной, и предметов, запрещенных для ввоза.

Мы отправились в зал прибытия. Там нас уже ждали предста-

РАЗДЕЛ 1

вители фирмы. Они отвезли нас в гостиницу, которая находилась практически в центре города и, главное, расположена недалеко от фирмы, с которой нам предстоит работать. Это очень удобно. Мы обсудили план работы на следующий день и договорились о времени и месте нашей первой встречи.

❈ ❈ ❈ ❈

 Новые слова:

утомительный 令人疲劳的；令人厌倦的；令人不耐烦的
багаж 行李
таможенник 海关人员
декларация 〈专〉报单，申报单；〈书〉宣言，声明
обложение 课，征，令纳（税捐、罚款等）
пошлина 关税；手续费
ввоз 运进，运入

 Словосочетания:

беспосадочный рейс 直航
пройти паспортный контроль 通过边检检查，通过护照检查
таможенный досмотр 海关检查
таможенный пункт 边检站，海关
ручная кладь 小件行李，手提行李
обложение пошлиной 征收关税
зал прибытия 到达厅

 Задания к тексту Ⅰ

1. Ответьте на вопросы к тексту.
    1) Откуда прибыли пассажиры?
    2) В какое время дня совершил посадку самолет?
    3) Какой рейс выполнял самолет?
    4) Какие трудности были у группы на таможне?
    5) В чем заключаются функции таможенников?
    6) Кто встречал группу?
2. Подберите к следующим глаголам подходящие по смыслу слова или словосочетания, данные в скобках.

Совершить, ждать, пройти, заполнить, выполнять, обсудить, получить, занять, просматривать, проверять.

(посадка, таможенный досмотр, рейс, декларация, вещи, документы, багаж, ручная кладь, чемодан, очередь, паспортный контроль, план работы)

3. Дополните следующий диалог.
— Добрый день, господа!
— Здравствуйте! Рад Вас...... снова. Как Вы......?
— Спасибо, хорошо.
— Как Вы обычно...... полет?
— Как правило, всегда хорошо. Ведь мне приходится часто летать.
— Посмотрите, к таможеннику много народу. Нужно поскорее...... очередь.

4. Ваш друг впервые летит в самолете. Скажите ему, что можно и что нельзя делать во время взлета самолета, полета и посадки, употребляя слова или словосочетания, данные в скобках.

Во время взлета самолета тебе нельзя......
Во время полета тебе можно (тебе нельзя)......
Во время посадки тебе нельзя......

(вставать, пить, есть, разговаривать, курить, смотреть в окно, вызывать стюардессу, читать газеты, играть в карты, идти в туалет).

Диалог I

На таможне — пограничный и таможенный контроль

— Предъявите, пожалуйста, Ваш паспорт!
— Пожалуйста. Извините, Вы не подскажете, могу я продлить визу в случае необходимости? У меня въездная виза только на 10 дней.
— Ну конечно. Вам необходимо обратиться в соответствующие органы. И будьте внимательны. Срок действия Вашего загранпаспорта истекает через 2 месяца.
— Да, я знаю. Спасибо.
— Это Ваш багаж? У Вас есть вещи или продукты, подлежащие обложению пошлиной?
— Насколько мне известно, нет. Правда, я не знаю доскональ-

РАЗДЕЛ 1

но таможенных правил. Спиртные напитки и сигареты у меня только для моих личных потребностей. И еще лекарства...

— Вы можете ввозить беспошлинно только 1 литр спиртных напитков.

— Спасибо.

— Пожалуйста. Следующий.

 Новые слова:

истекать[未], истечь[完]〈公文〉(时间)过去, 期满

досконально 详尽地, 确切地

литр 升, 公升

спиртной 酒精的

 Словосочетания:

продлить визу 签证延期

въездная виза 入境签证

обратиться в соответствующие органы 找相应部门

срок действия 有效期

таможенные правила 海关规定

личные потребности 个人需要

ввозить беспошлинно 免税带入

 Задания к диалогу I

1. Поставьте сказуемые в следующие предложения.
   1) Самолет...... рейс «Харбин — Хабаровск».
   2) Наш самолет...... в аэропорту города Хабаровска.
   3) Все пассажиры уже...... таможенный контроль.
   4) Мы...... декларацию правильно.
   5) Пассажиры долго...... багаж.
2. Поставьте вопросы к диалогу и разыграйте в ролях.
3. Прочитайте и переведите следующие реплики.

Реплики служащих при таможенном досмотре и паспортном контроле:

Ваш паспорт, пожалуйста!

Вы едете один (одна)?

Цель вашей поездки?

Служебная, туристическая, по приглашению?

Эти вещи принадлежат вам?

Это ваш багаж?

Это ваша сумка? (Ваш чемодан?)

Будьте любезны, откройте эту сумку!

Заполните декларацию, пожалуйста!

У вас есть с собой вещи, подлежащие обложению пошлиной?

Вам надо заплатить пошлину.

К сожалению, мы должны конфисковать эту вещь.

Разрешается ввозить только...

Спасибо. Все в порядке.

Сообщение неправильных данных в декларации влечет за собой ответственность.

Реплики пассажиров при таможенном и паспортном контроле:

Извините, Вы не подскажете, где таможня?

Что я должен указать в декларации?

Я правильно заполнил декларацию?

На каком языке я должен заполнить декларацию?

Этот багаж принадлежит мне.

Эти чемоданы и сумки мои.

Эти вещи для моего личного пользования.

Это моя ручная кладь.

Могу я закрыть чемодан?

Эта вещь не облагается пошлиной?

Я не знал, что ввоз (вывоз) этих вещей запрещен.

Я не знал, что за эти вещи нужно платить пошлину.

Какую пошлину я должен заплатить за эту вещь?

Сколько мне нужно заплатить?

4. Составьте диалог, используя реплики задания 3.
5. Ознакомьтесь с таможенной декларацией на русском языке. Переведите текст таможенной декларации. Заполните ее. Образец заполнения смотрите Приложение 1 (1.1, стр. 149).

РАЗДЕЛ 1

ТАМОЖЕННАЯ ДЕКЛАРАЦИЯ

* Заполняется каждым лицом, достигшим 16-летнего возраста.
* Нужный ответ помечается в соответствующей рамке знаком ☒
* Сохраняется на весь период временного въезда/выезда и предъявляется таможенным органам при возвращении. При утере не возобновляется.

☐ въезд   ☐ выезд   ☐ транзит

1. Сведения о лице:

_____ | _____ | _____
фамилия | *имя* | *отчество*

_____ | _____ | серия ____ № ____
страна постоянного проживания | *гражданство/подданство* | *паспорт*

_____ | _____
из какой страны прибыл (указывается страна отправления) *в какую страну следует* (указывается страна назначения)

Со мною следуют несовершеннолетние дети   ☐ Да ☐ Нет   Количество ____

2. Сведения о наличии багажа:

2.1. Сопровождаемый багаж, включая ручную кладь   ☐ Да ☐ Нет
Количество мест _____

2.2. Несопровождаемый багаж (по грузосопроводительным документам)   ☐ Да ☐ Нет
Количество мест _____

3. Сведения о наличии товаров:

При мне и в моем багаже имеются товары, требующие обязательного декларирования и перемещение через границу которых производится по разрешительным документам соответствующих компетентных органов:

3.1. Национальная и иная наличная валюта, валютные ценности, изделия из драгоценных металлов и драгоценных камней в любом виде и состоянии   ☐ Да ☐ Нет

Наименование валюты, ценностей или изделий	Сумма/Количество	
	Цифрами	Прописью

3.2. Оружие всякое, боеприпасы, взрывчатые вещества   ☐ Да ☐ Нет
3.3. Наркотики и психотропные вещества   ☐ Да ☐ Нет
3.4. Предметы старины и искусства   ☐ Да ☐ Нет
3.5. Печатные издания и другие носители информации   ☐ Да ☐ Нет
3.6 Ядовитые и сильнодействующие вещества и лекарства   ☐ Да ☐ Нет
3.7. Радиоактивные материалы   ☐ Да ☐ Нет

3.8. Объекты флоры и фауны, их части и полученная из них продукция   ☐ Да ☐ Нет
3.9. Высокочастотные радиоэлектронные устройства и средства связи   ☐ Да ☐ Нет
3.10. Товары, подлежащие обложению таможенными платежами   ☐ Да ☐ Нет
3.11. Временно ввозимые (вывозимые) товары   ☐ Да ☐ Нет
3.12. Транспортное средство   ☐ Да ☐ Нет

* В целях таможенного контроля подробные сведения о товарах, указанных в п.п. 3.2.-3.12, при их наличии необходимо указать на оборотной стороне декларации в п. 4.

4. Сведения о товарах:
4.1. Сведения о товарах, указанных в п. п. 3.2 – 3.11

№№ п/п	Наименование и другие отличительные признаки товара, номер и дата выдачи разрешительного документа и орган, его выдавший	Количество		Стоимость в национальной валюте или $ США
		Цифрами	Прописью	
		Общая стоимость (Итого):		

学习笔记

4.2. Сведения о транспортном средстве

Вид, марка _____ Год выпуска _____ Объем двигателя (см^3) _____
Шасси № _____ Кузов № _____ Двигатель № _____

Таможенный режим: ввоз ☐ временный ввоз ☐ обратный вывоз ☐
                   вывоз ☐ временный вывоз ☐ обратный ввоз ☐

Мне известно, что сообщение в декларации недостоверных сведений влечет за собой ответственность в соответствии с действующим законодательством.

" _____ " _____ 200 __ г.   Подпись лица _____

Для служебных отметок: _____

м. п.

6. Представьте себе: Вы пользуетесь услугами авиакомпании. Вам нужно лететь в Россию. Ознакомьтесь с декларацией на английском и китайском языках. Образец заполнения смотрите Приложение 1 (стр. 151, 153). Заполните приведенную ниже таможенную декларацию.

РАЗДЕЛ 1

CHINA CUSTOMS
BAGGAGE DECLARATION FORM FOR OUTGOING PASSENGERS

Please read the instructions on the reverse side and provide information or mark "√" in the space

1. Surname

   Given Name

2. Date of Birth   Year   Month   Day

3. Sex   ☐ Male   ☐ Femate

4. No. of Traveler's Document

5. Nationality (Region)   China ☐ (Hong Kong ☐   Macao ☐   Taiwan ☐)
   Other nationals

6. Purpose of the Trip
   ☐ Offcial   ☐ Business   ☐ Leisure   ☐ Study
   ☐ Immigration   ☐ Visiting Friends or Relatives   ☐ Return Residents   ☐ Others

7. Flight No. /Vehicle No. / Vessel Name

8. Number of persons under the age of 16 traveling with you

I am (We are) taking out of China's Customs territory

9. trip necessities (camera, vidicon, laptop, etc.) valued each at over RMB 5,000, which will be brought back at the end of the trip.   Yes ☐   No ☐

10. Chinese currency in cash exceeding RMB 20,000 or foreign currencies in cash exceeding USD 5,000 if converted into US dollar.   Yes ☐   No ☐

11. gold, silver and other precious metals.   Yes ☐   No ☐

12. cultural relics, endangered animals or plants and products thereof, biology species resources.   Yes ☐   No ☐

13. radio transmitters, radio receivers, communication security equipments.   Yes ☐   No ☐

14. other articles which are prohibited or restricted from being taken out of the territory in accordance with the law of the People's Republic of China.   Yes ☐   No ☐

15. goods of commercial value, samples, advertisements.   Yes ☐   No ☐

I HAVE READ THE INSTRUCTIONS ON THE REVERSE SIDE OF THIS FORM AND DECLARE THAT THE INFORANION GIVEN ON THIS FORM IS TRUS.

Passengers who are taking any articles included in items 9 – 14 shall fill out this form in detail

Description	Quantity	Value	Type/Model	Customs Remarks

PASSENGER'S SIGNATURE   Year   Month   Date

中华人民共和国海关
出境旅客行李物品申报单

请先阅读背面的填表须知,然后在空格内填写文字信息或划√

1. 姓名　　拼音 ☐☐☐☐☐☐☐☐☐☐☐☐☐☐☐☐☐☐☐☐
正楷　　　　中文 ☐☐☐☐☐☐☐☐☐☐☐☐☐☐☐☐☐☐☐☐

2. 出生日期　☐☐☐☐ 年 ☐☐ 月 ☐☐ 日

3. 性别　　☐ 男　　　　☐ 女

4. 进出境证件号码 ☐☐☐☐☐☐☐☐☐☐☐☐☐☐☐☐

5. 国籍(地区)　　中国 ☐　(香港 ☐　澳门 ☐　台湾 ☐)
　　　　　　　　外国 ☐☐☐☐☐☐☐☐☐☐☐☐☐☐

6. 出境事由
☐ 公务　　☐ 商务　　☐ 旅游　　☐ 学习
☐ 定居　　☐ 探亲访友　☐ 返回居住地　☐ 其他

7. 航班号/车次/船名 ☐☐☐☐☐　　8. 同行未满16周岁人数 ☐

我们携带

9. 需复带进境的单价超过5,000元的照相机、摄像机、手提电脑等旅行自用品　　　　Yes ☐ No ☐

10. 超过20,000元人民币现钞,或超过折合5,000美元外币现钞　　Yes ☐ No ☐

11. 金银等贵重金属　　Yes ☐ No ☐

12. 文物、濒危动植物及其制品、生物物种资源　　Yes ☐ No ☐

13. 无线电收发信机、通信保密机　　Yes ☐ No ☐

14. 中华人民共和国禁止和其它限制出境的物品　　Yes ☐ No ☐

15. 货物、货样、广告品　　Yes ☐ No ☐

我已阅知本申报单背面所列事项,并保证所有申报属实。

携带有9-14项下物品的,请详细填写如下清单:

品名/币种	数量	金额	型号	海关批注
美元				

PASSENGER'S SIGNATURE　　　　年　　月　　日

学习笔记

9

РАЗДЕЛ 1

7. Вы знаете таможенные правила России? Проверьте себя.
— Вам известно, какой вес багажа допускается во время полета?
— Не более 30 килограммов.
— А что можно ввозить в Россию беспошлинно?
— Насколько я знаю, пошлиной не облагаются вещи личного пользования.

А видеомагнитофон? Видеокассеты? Компьютер? Электроприборы? Алкогольные напитки? Лекарства? Автомобиль? Изделия из золота? Продукты?

8. Прочитайте информацию и скажите, что нового вы узнали о международных аэропортах г. Москвы.

О международных аэропортах столицы

✳ Международный аэропорт Внуково (год рождения—1941) является одним из крупнейших в России.

Аэропорт занимает 4-е место в стране по количеству обслуживаемых пассажиров.

✳ Аэропорт принимает самолеты более 100 авиакомпаний России, стран ближнего и дальнего зарубежья.

Общая пропускная способность аэровокзалов Внуково — 3 000
✳ пассажиров в час.

Аэропорт Внуково отличается выгодным географическим положением: он расположен в 28 км. от центра Москвы. Пассажиры могут добраться в аэропорт на маршрутном автобусе, такси, а также на электропоезде повышенной комфортности от Киевского вокзала. Электропоезд доставляет пассажиров за 35 минут сразу к авиатерминалу.

Маршрутная сеть аэропорта включает около 200 направлений регулярных и чартерных полетов и более 450 направлений деловой авиации.

Аэропорт имеет реальные перспективы стать ведущим транзитным центром между Европой и Азией.

Международный аэропорт Домодедово — крупнейший современный аэропорт России. Сегодня он занимает 1-е место по внутренним и международным авиаперевозкам.

Аэропорт находится в 22 км. от Москвы.

Аэропорт начали строить в 1956 году, а 7 апреля 1962 года он официально отметил свой День рождения. Сначала здесь выполнялись почтовые и грузовые рейсы. С 1966 года начались регулярные пассажирские рейсы.

Статус международного аэропорта ему был присвоен в 1992 году.

В 2001 году он получил титул «Лучший аэропорт стран СНГ».

Здесь используются самые современные технологии и системы управления на всех уровнях.

В настоящее время аэропорт Домодедово является лидером по пассажирским перевозкам среди аэропортов столицы.

Пассажиры имеют хорошие условия для отдыха. Современный 4-х звездочный «Аэротель Домодедово», рестораны, кафе, магазины, салоны находятся в распоряжении авиапассажиров и гостей столицы.

В 2007 году международный аэропорт Домодедово отмечает свое 45-летие.

1) Объясните значение следующих слов и словосочетаний:
   страны ближнего и дальнего зарубежья
   СНГ — Содружество Независимых Государств
   принимать самолеты
   пропускная способность
   электропоезд повышенной комфортности
   авиатерминал
   маршрутная сеть
   чартерный полет
   авиаперевозки
   транзитный центр
   лидер

2) Дайте краткую характеристику:
   а) международный аэропорт Внуково
   б) международный аэропорт Домодедово

3) Расскажите об одном из международных аэропортов в Пекине (Китае).

РАЗДЕЛ 1

Диалог II

В гостинице

— Добрый вечер. Для меня заказан номер.
— Здравствуйте. Одну минуту. Назовите Вашу фамилию.
— Ми Фан.
— Пожалуйста, заполните бланк и распишитесь.
— Сколько с меня?
— За номер в сутки — 1 500 рублей.
— Извините, в счет входит плата за телефон?
— Нет. Но в счет входит плата за завтрак.
— Завтрак можно заказать в номер?
— К сожалению, нет. Кстати, у нас есть сауна, солярий, кегельбан, теннисная площадка.
— Замечательно!
— Вот Ваши ключи. Ваша комната расположена на пятом этаже. Лифт справа.

Новые слова:

сауна 桑拿
солярий 日光浴场(浴室)
кегельбан 地球(比赛场)，滚球场

Словосочетания:

входить...в счет... 计算在内
теннисная площадка 网球场

Задания к диалогу II

1. Составьте аналогичный диалог, используя следующие реплики.
Реплики гостя отеля:

Моя фамилия......

На мое имя забронирован одноместный (двухместный) номер

На каком языке нужно заполнить формуляр (бланк)?
У вас есть свободные номера?

Сколько стоит этот номер в день?

Эта комната с ванной или с душем?

Что включается в стоимость номера?

Завтрак (обед, ужин) включается в стоимость номера?

Когда нужно платить?

Сколько я должен заплатить за проживание в номере?

Разбудите меня, пожалуйста, в 7 утра.

Реплики служащих отеля:

Ваша фамилия, имя?

На чьё имя забронирован (зарезервирован) номер?

Заполните, пожалуйста, этот бланк (формуляр).

Завтрак (обед) входит в стоимость номера.

Номер стоит 1 800 рублей в день.

Вот ваши ключи и карточка отеля.

Гостиница оказывает различные услуги.

У нас есть ресторан и бар.

Кроме того, у нас есть сауна с бассейном.

За эти услуги плата отдельная.

Завтрак в ресторане на первом этаже.

Когда Вы уезжаете?

В день отъезда надо освободить номер до 11 часов.

2. Прочитайте информацию и скажите, какие цены в гостиницах Москвы и Хабаровска, используя образец.

   Образец: Стоимость одноместного номера — 8 000 рублей в сутки.

   Одноместный номер стоит 8 000 рублей в сутки.

Стоимость одноместного номера 1 категории в 5-звёздочной гостинице «Националь» — 9 600 рублей в сутки, 2-местного номера — 11 400 рублей, номера Бизнес Люкс — 18 300 рублей (1-местный номер) и 19 500 рублей (2-местный номер).

Стоимость стандартного одноместного номера в 4-звёздочном отеле «Космос» — 175 долларов, двухместного — 195 долларов. Что касается номера категории «Люкс», то стоимость одноместного и двухместного номера одинаковая и составляет 310 долларов.

Стоимость одноместного номера в 3-звёздочной гостинице «Арбат» составляет 5 850 рублей, а двухместного — более 700 руб-

РАЗДЕЛ 1

лей.

Стоимость номера категории «Люкс» — 16 500 рублей.

В Хабаровске цены гораздо ниже. Например, стоимость стандартного одноместного номера в 3-звёздочной гостинице «Заря» составляет 1 650 ~ 2 100 рублей, двухместного — 2 100 ~ 2 500 рублей.

1) Вы звоните в одну из гостиниц Москвы и заказываете номер. Спросите у администратора о его стоимости. Составьте диалог.

2) Секретарь заказывает номер в гостинице своему шефу. Восстановите реплики служащего гостиницы, которого Вы не слышите.

Секретарь: Я хотела бы заказать номер для моего шефа.
Служащий: ......
Секретарь: Одноместный номер.
Служащий: ......
Секретарь: На 10 марта.
Служащий: ......
Секретарь: На 10 дней. Сколько стоит номер?
Служащий: ......
Секретарь: Спасибо.
Служащий: ......

3. Закажите номер в гостинице для своего гостя. Узнайте у администратора, достаточно ли комфортабельна гостиница.

4. Ознакомьтесь с карточкой гостя гостиницы (слева).
Заполните карточку гостя (справа).

Бланк гостиницы

«Заря»	«Турист»
Полное имя...... Ми Фан	Полное имя......
Дата рождения...... 17.05.72.	Дата рождения......
Откуда приехал...... г. Харбин, Китай	Откуда приехал......
Цель поездки...... Деловая	Цель поездки......
Организация......	Организация......
Срок пребывания ...... 07.06.2007—14.06.2007	Срок пребывания......
Серия, номер паспорта......	Серия, номер паспорта......
Домашний адрес...... ул. Институтская 331, г. Харбин	Домашний адрес......

5. Ознакомьтесь со следующей анкетой проживающего и заполните ее.

学习笔记

РОССИЙСКАЯ АКАДЕМИЯ ГОСУДАРСТВЕННОЙ СЛУЖБЫ ПРИ ПРЕЗИДЕНТЕ РФ
ГОСТИНИЧНЫЙ КОМПЛЕКС

Корпус № _____ Номер № _____ Вид оплаты _____

Заезд 《____》 _____ 200 ____ г.   Выезд 《____》 _____ 200 ____ г.
_____ час. _____ мин.   _____ час _____ мин.

АНКЕТА ПРОЖИВАЮЩЕГО

1. Фамилия, имя, отчество _____
_____
2. Дата и место рождения _____
_____
3. Цель приезда _____
4. Место работы и должность _____
5. Паспорт серия _____ № _____ Код п/разделения _____
кем и когда выдан _____
_____ действителен по _____
6. Место постоянного жительства (индекс) _____
_____
7. Виза _____ № _____ с _____ по _____
8. Миграционная карта № _____
Прибывшему в РФ _____ 《_____》 _____ 200 ____ г.
(пограничный пункт, дата въезда)

С правилами противопожарной безопасности ознакомлен.

_____
(подпись прибывшего)

Администрация не несет ответственности за сохранность личных вещей и материальных ценностей.

_____
(подпись прибывшего)
《_____》 _____ 200 ____ г.

Основание на поселение _____
Подпись должностного лица _____
《_____》 _____ 200 ____ г.

РАЗДЕЛ 1

6. Прочитайте следующую миграционную карту и правильно заполните ее.

МИГРАЦИОННАЯ КАРТА

Серия **46 05** № **4731886**

Фамилия

Имя

Отчество

Дата рождения			Пол	
День	Месяц	Год	Муж	Жен

Документ, удостоверяющий личность | Гражданство

Цель визита (нужное подчеркнуть)
Служебный визит,
Туризм,
Коммерческий визит,
Учёба,
Работа,
Частный визит,
Транзит

Сведения о приглашающей стороне (наименование физического или юридического лица, адрес)
_____
_____
_____

Идентификационный номер визы _____
Номер приглашения на въезд _____

Срок пребывания:
С:
До:

Подпись

Служебные отметки

Въезд в Российскую Федерацию | Выезд из Российской Федерации

7. Расскажите, как Вы заполняете формуляр.

Сначала я пишу свою фамилию. Потом я записываю свое имя (и отчество). После этого...... Затем...... Потом...... И наконец......

8. Расскажите гостю, как нужно заполнять формуляр.
9. Напишите письмо домой и опишите свою гостиницу и комнату.

РАЗДЕЛ 2

Предприятия в России. Совместное предприятие. Фирма. Компания

Тексты:
- Ⅰ. О совместном предприятии ········ 17
- Ⅱ. Предприятия в России ········ 23
- Ⅲ. Об основных направлениях развития лесного комплекса Хабаровского края ········ 26

Диалоги:
- Ⅰ. Устройство на работу ········ 29
- Ⅱ. На фирме ········ 34

Текст Ⅰ

О совместном предприятии

В последние десятилетия активно развиваются разные формы сотрудничества с другими странами. На уровне экономических отношений это проявляется также и в создании совместных предприятий (СП).

Совместным предприятием называется такое предприятие, уставный фонд которого образован двумя или более учредителями, один из которых — иностранное юридическое или — реже — физическое лицо.

При образовании СП определяется вид деятельности, подготавливается проект всех документов, необходимых для учреждения и регистрации СП. К учредительным документам относятся договор о создании СП и его устав. В учредительных документах фиксируется

РАЗДЕЛ 2

вид деятельности, размер уставного фонда, состав участников и т. д.

Перед подписанием договора создается общий капитал из паевых взносов учредителей и определяются возможные пути получения иностранным партнером своей доли прибыли СП.

Учредители создают уставный фонд вкладом в виде аренды земли, оборудования, зданий, технологий. Оценка вклада производится в валюте или в рублях с учетом мировых цен. Партнерами устанавливается также размер заработной платы и премий работникам предприятия.

СП обязательно проходит государственную регистрацию на основании закона РФ «О предприятиях и предпринимательской деятельности». На него распространяется российское законодательство. СП от своего имени могут заключать договоры.

СП — это предприятия с иностранными инвестициями. Количество СП на территории России увеличивается. Большинство СП находятся в Москве.

Производительность труда на совместных предприятиях примерно в 1,5 ~ 2 раза выше, чем на государственных предприятиях.

Обычно СП занимаются производственной, торговой и посреднической деятельностью. К основным сферам деятельности СП относятся: сырьевые отрасли, лес, деревообработка, производство товаров народного потребления, строительство, туризм, автосервис.

Доля иностранного капитала в уставном фонде СП может составлять до 50%.

В России создан центр по изучению и развитию совместных предприятий. Главная задача центра заключается в улучшении условий и повышении эффективности деятельности СП. Центр осуществляет подготовку специалистов для внешнеэкономической деятельности, организует повышение квалификации специалистов. Центр проводит конференции, семинары, помогает СП участвовать в ярмарках, выставках, аукционах в России и за рубежом.

※ ※ ※ ※

Новые слова:
проявляться [未], проявиться [完] 表现出来,显出来
учредитель (某机关、团体的)创立人,创办人
регистрация 登记(入册),注册;挂号;记录
устав 章程
фиксироваться [完,未]被固定,规定,确定
размер 数额;大小;面积;体积
доля 份额,比重
прибыль 利润
вклад 存款;存入,放入
аренда 租赁,租借(指不动产)
валюта 外币,外汇
премия 奖金
предпринимательский 企业家的,企业主的
законодательство (某一国的或有关方面的)法律,法令,立法
инвестиция 投资
производительность 生产能力,生产(效)率;产量
посреднический 中介的
капитал 资金,资本
эффективность 效率,效力
аукцион 拍卖,竞卖

 **Словосочетания:**
совместное предприятие (СП) 合资企业
уставный фонд 法定基金
юридическое лицо 法人
физическое лицо 自然人
регистрация СП 注册合资企业
учредительные документы 机构成立文件
паевой взнос 股金
государственные предприятия 国营(有)企业
заниматься посреднической деятельностью 从事中介活动
производство товаров народного потребления 生产日用品

Задания к тексту I
1. Ответьте на вопросы к тексту.

РАЗДЕЛ 2

1) Что такое совместное предприятие?
2) Кем образуется уставный фонд СП?
3) Что относится к учредительным документам?
4) Что фиксируют учредительные документы?
5) Что происходит перед подписанием договора?
6) Из чего состоит уставный фонд?
7) Что устанавливают партнеры?
8) Какая производительность труда на СП по сравнению с государственными предприятиями?
9) Какие основные сферы деятельности СП?
10) Какой центр создан в России? Чем он занимается?

2. Составьте план к тексту (работа в парах).
   Передайте содержание текста согласно составленному плану.

3. Скажите о направлениях деятельности СП по образцу.
   Образец: СП занимается: чем? — оказание услуг
   СП занимается оказанием услуг.

   добыча руды, оказание транспортных услуг, обучение специалистов, страхование физических и юридических лиц, оказание консультационных услуг, строительство объектов, проектирование и строительство зданий, аренда рудников, изготовление товаров народного потребления, пошив одежды, производство молочной продукции.

   Запомните следующие выражения:
   Я хочу представиться
   Позвольте представиться
   Позвольте Вам представить
   Разрешите представить
   Я хотел(а) бы Вам представить
   Рад(а) с Вами познакомиться
   Очень рад(а) (с Вами познакомиться).
   Я тоже.
   Я очень рад(а).
   Очень приятно.
   Садитесь, пожалуйста!
   Извините!

4. Представьтесь своим новым партнерам по бизнесу, используя

выражения предыдущего задания.

5. Вы — переводчик делегации. Представьте членов своей делегации директору фирмы, с которой вы намереваетесь заключить контракт.

6. Ознакомьтесь с диалогом.

Создаем СП

— Пожалуйста, садитесь, господа. Располагайтесь поудобнее. Как долетели?

— Спасибо, хорошо.

— Как устроились в гостинице?

— Замечательно.

— Итак, приступаем к работе. Предлагаю рассмотреть сегодня учредительные документы. Вы с ними уже знакомы. У Вас есть замечания?

— Мы изучили проект устава и договора о создании совместного предприятия и предлагаем сегодня обсудить размер уставного фонда, взносы участников и распределение прибыли.

— Хорошо. С чего начнем?

— С уставного фонда, если Вы не возражаете. Мы считаем, что уставный фонд необходимо увеличить до 1 миллиона долларов.

— Хорошо, мы подумаем. А вы согласны расширить деятельность совместного предприятия? Мы предлагаем осуществлять реконструкцию предприятий.

— Хорошая идея!

— Кстати, Вы нашли место для офиса?

— Да. Мы уже купили здание. Надеемся, оно Вам тоже понравится. Мы хотим, чтобы это была часть нашего взноса в уставный капитал.

— Не возражаем.

— Мы уже приобрели мебель и всю оргтехнику. Установили факс и телекс. Но у нас есть сложности с транспортом.

— После подписания учредительных документов, регистрации СП и открытия валютного счета мы поможем дирекции СП решить этот вопрос.

— Хорошо.

— Последний вопрос. Скажите, что будет производственной

РАЗДЕЛ 2

базой нашего СП?

— Один из крупнейших заводов нашего края. Многие иностранные фирмы размещают заказы на этом предприятии. На заводе применяются новые технологии и отсюда — качественная продукция, высокая заработная плата, хорошие условия труда. Завтра мы познакомимся с ним.

— Было бы полезно для нас.

— Итак, на сегодня все. Мы хорошо поработали. Теперь можем отдохнуть. До завтра, господа!

1) Ответьте на вопросы к диалогу.
  ① Какие документы были рассмотрены на переговорах?
  ② Какие вопросы предложила обсудить иностранная делегация?
  ③ Как будет расширена деятельность совместного предприятия?
  ④ Имеет ли российская сторона здание для офиса?
  ⑤ Что уже приобретено российской стороной?
  ⑥ Что является производственной базой СП?

2) Скажите, какие основные вопросы обсуждаются при создании СП и как они решаются.

  Образец:

  На переговорах сначала рассматриваются учредительные документы.

  На переговорах обсуждается размер уставного фонда...

3) Постройте предложения по образцу.
  Образец: Давайте обсуждать вопрос о цене.
           Давайте обсудим вопрос о цене.

  Давайте: продолжить переговоры
           встретиться сегодня вечером
           обдумать это предложение
           заказать столик в ресторане
           пригласить друзей на вечеринку
           купить подарок
           договориться о встрече
           изучить проект договора
           подписать контракт
           обсудить условия поставки и платежа

  Запомните возможный ответ:

Давайте. Согласны (согласен). С удовольствием.

Не возражаем (не возражаю).

7. Прочитайте следующий диалог. Скажите, какие вопросы были решены на переговорах.

На переговорах

— Итак, господа, мы решили сегодня много проблем: окончательно согласовали такие серьезные вопросы, как создание фондов СП, налогообложение, страхование имущества и персонала.

— Конечно. Но я хотел бы выяснить еще один вопрос. Это управление СП.

— Мы предлагаем организовать правление, дирекцию и ревизионную комиссию.

— Хорошо. А как обстоят дела с переводом за границу прибылей иностранных участников совместных предприятий?

— По российскому законодательству все ограничения сняты.

— Рады это слышать. Итак, все вопросы решены. Мы готовы подписать учредительные документы.

— Замечательно. Нам осталось решить вопрос о назначении генерального директора СП, его заместителей и членов правления. Это мы сделаем завтра. Спасибо за работу, господа.

8. На основании двух выше приведенных диалогов расскажите:

1) Как создается СП;

2) Составьте список вопросов, которые необходимо решить при создании СП. Работайте в парах.

 Текст II

Предприятия в России

В России под *предприятием* понимается самостоятельный хозяйственный субъект, обладающий статусом юридического лица. Оно самостоятельно осуществляет свою деятельность, распоряжается своей продукцией, полученной прибылью, остающейся после уплаты налогов и других платежей.

Существует много названий предприятий, среди которых наиболее широко используются «фирма» и «компания».

Фирма — это общее название, которое применяется по отно-

РАЗДЕЛ 2

шению к любому (или почти любому) хозяйственному предприятию. Оно указывает лишь на то, что предприятие обладает правами юридического лица. Фирмой называют и торговое предприятие, и промышленное, и сервисное предприятие.

Как правило, фирма имеет фирменный знак и фирменное название. Она может быть именной (фирма «Стерлигов и К»), предметной (маркетинговая фирма «Маркор») или смешанной (фирма «Стерлигов и К, торговый дом»).

Компания — это также общее название, которым обозначается любое (или почти любое) предприятие — промышленное, торговое, транспортное.

Разница между понятиями «фирма» и «компания»: фирмой может владеть индивидуальный собственник. Компания же предполагает объединение партнеров, осуществляющих совместную деятельность.

Термин «*предприятие*» может быть синонимом словам компания и фирма и означает самостоятельного хозяйствующего субъекта. Под предприятием понимается также определенный производственно-хозяйственный комплекс, то есть фабрика, завод, склад, торговая организация и т. д.

Возможна предпринимательская деятельность без привлечения наемного труда. Такое предпринимательство регистрируется как индивидуальная трудовая деятельность (например, пошив одежды на дому и т. д.).

Согласно российскому законодательству предпринимательская деятельность без регистрации запрещена.

Новые слова:

субъект 主体
распоряжаться [未], распорядиться [完] чем 处理, 料理; 支配, 使用
именной 记名的, 指名的, 有名字的
смешанный 混合的; 合营的
индивидуальный 个人的, 个人经营的
собственник 所有者; 私有者
склад 仓库, 库房, 储藏库

предпринимательство 企业家的活动；投机勾当
наёмный 雇佣的
регистрироваться [未], зарегистрироваться [完] 登记, 注册
согласно [前] кому-чему 或 с кем-чем 依照, 按照, 根据

 Словосочетания:

самостоятельный хозяйственный субъект 独立的经营主体
уплата налогов 纳税（交清税款）
сервисное предприятие 服务业
фирменный знак 公司标志
производственно-хозяйственный комплекс 生产经营综合体
без привлечения наёмного труда 不招雇工

 Задания к тексту II

1. Поставьте вопросы к тексту.
2. О каких типах предприятий речь идёт в тексте?
3. Дайте краткую характеристику каждому типу предприятий.
4. Постройте предложения со следующими словами и словосочетаниями:

  Фирма : экспортирует : оборудование
  Завод : производит
     выпускает
     импортирует
     использует

 Продолжите ряд по образцу:
 Оборудование экспортируется, ...

5. Запомните следующие словосочетания. Употребите их в предложении с глаголами, данными в предыдущем задании.
  надёжное оборудование
  современные компьютеры
  современная техника
  первоклассная техника
  конкурентоспособная продукция
  удобные в эксплуатации станки

6. В чём могут быть заинтересованы деловые партнёры?
 Деловые партнёры заинтересованы : в чём?

РАЗДЕЛ 2

в сбыте (чего?)......
в покупке......
в продаже......
в подписании договора
в заключении контракта
в расширении контактов
в установлении связей
в организации СП
в строительстве объектов

Продолжите ряд.

Запомните!

Контракт: на что?

На поставку товаров
на продажу сырья
на покупку оборудования
на гарантийное обслуживание
на строительство объекта на условиях «под ключ»
на обучение
на командирование специалистов

Текст III

Об основных направлениях развития лесного комплекса Хабаровского края

Лесную и деревообрабатывающую промышленность обслуживает сегодня большое количество предприятий. Главными являются «Дальлеспром» и «Дальлес».

Правительством края разрабатываются "Основные направления развития лесного комплекса Хабаровского края". Основными задачами являются:

— развитие мощностей по заготовке древесины на основе внедрения современных технологий, обеспечивающих повышение эффективности производства и качества продукции;

— увеличение экспортных поставок в Японию, Южную Корею, Китай и другие страны Азиатско-Тихоокеанского региона;

— техническое и технологическое перевооружение предприятий с целью повышения конкурентоспособности продукции на внешнем рынке;

— восстановление, охрана и защита лесов.

Решение этих задач требует технического перевооружения лесного комплекса края. Основную часть новой техники будут составлять машины и оборудование, производимые на предприятиях Хабаровского края. Большую роль играют инвестиции, в том числе иностранные.

Для решения проблемы сохранения лесов образованы две крупные холдинговые компании — акционерные общества «Дальлеспром» и «Дальдрев», объединяющие часть лесозаготовительных и деревообрабатывающих предприятий.

В состав акционерного общества «Дальлеспром» входят 23 предприятия, вырабатывающих основную долю продукции лесопромышленной отрасли края.

В 1991 году создано АО «Дальлес». Фирма занимается налаживанием внешнеэкономических связей с фирмами и организациями Азиатско-Тихоокеанского региона. «Дальлес» создаёт также совместные предприятия, предоставляет услуги и консультации по вопросам внешней торговли и т. д. Отрасль является наиболее привлекательной для иностранных инвесторов, работает ряд предприятий с иностранными инвестициями из Японии, США и других стран.

Инвесторы, принимающие участие в лесовосстановлении, получают долговременные льготы в своей коммерческой деятельности. (Материалы из Интернета)

Новые слова:

разрабатываться [未], разработаться [完] 深入研究,详细制定;运转正常,被修整好,调整好

мощность 生产能力,生产量;功率

заготовка 征购;采购;收购;采伐

древесина ⟨集⟩木材

внедрение 采用,应用;贯彻,实行;推广

обеспечивать [未], обеспечить [完] кого-что, чем 充分供给,保证供应

экспортный 出口的,输出的

РАЗДЕЛ 2

поставка 供给,供应;供货,交货
перевооружение 重新装备,设备更新,改装
конкурентоспособность 竞争力
восстановление 恢复,复兴,修复,重建;再生,振兴
оборудование 设备,装备
акционерный 股票的,股份的;股东的
налаживание 调整好;修复,修好;建立(联系)
инвестор 投资人
льгота 优待,优惠,特惠

 Словосочетания:

деревообрабатывающая промышленность 木材加工业
внешний рынок 国外市场
холдинговая компания 控股公司
акционерное общество [АО] 股份公司
лесозаготовительное предприятие 木材采伐企业,木材采运企业
предоставлять услуги и консультации 提供服务与咨询
предприятия с иностранными инвестициями 外资企业
получать долговременные льготы 享受长期优惠
коммерческая деятельность 商业活动

 Задания к тексту III

1. Ответьте на вопросы к тексту.
   1) Какая программа разрабатывается правительством края?
   2) Решение каких задач предусматривает программа?
   3) Что требуется для решения этих задач?
   4) Какие крупные холдинговые компании решают проблемы сохранения лесов в крае?
   5) Сколько предприятий входит в состав АО «Дальлеспром»? Чем они занимаются?
   6) Когда было создано АО «Дальлес»? Чем занимается АО «Дальлес»?
   7) С какими странами сотрудничает отрасль?
   8) Какие инвесторы получают льготы в коммерческой деятельности?

2. Передайте основное содержание текста.

 Диалог I

Устройство на работу

— Здравствуйте!
— Добрый день!
— Вы ищете секретаря? Я прочитала в рекламной газете объявление о том, что Вам нужен секретарь.
— Да, есть еще вакансия. Как Вас зовут?
— Анна Соколова.
— Какое у Вас образование?
— Я окончила гимназию в прошлом году. Вот свидетельство. Сейчас я учусь заочно на втором курсе в Техническом университете.
— Какие документы у Вас еще с собой?
— Паспорт.
— Вы умеете работать на персональном компьютере?
— Да, такой опыт у меня есть.
— Вам необходимо написать заявление, автобиографию и заполнить личный листок по учету кадров. Вы можете сейчас это сделать?
— Конечно.
— Когда Вы можете приступить к работе?
— Завтра.

 Новые слова:

вакансия 空缺, 空位子, 空额
гимназия 中学
свидетельство 毕业证；证明, 证据
заочно 函授
автобиография 个人简历, 生平自述
приступать [未], приступить [完] к кому-чему 开始, 着手, 动手

 Словосочетания:

устройство на работу 就业
рекламная газета 广告报

РАЗДЕЛ 2

работать на персональном компьютере 使用个人电脑
личный листок 人事登记表

 Задания к диалогу I

1. Вы устраиваетесь на работу. Для устройства на работу необходимо подать следующие документы:
   — заявление
   — автобиографию или резюме
   — копии документов об образовании

   Ознакомьтесь с анкетой (личным листком по учету кадров) и заполните анкету.

ЛИЧНЫЙ ЛИСТОК ПО УЧЕТУ КАДРОВ

1. Фамилия _____
   имя _____ отчество _____
2. Пол _____ 3. Год, число и месяц рождения _____
4. Место рождения _____

   село, деревня. Город, район, область

5. Национальность _____
6. Партийность _____
7. Состоит ли членом ВЛКСМ, с какого времени и № билета _____
8. Образование _____

Место для фотокарточки

Название учебного заведения и его местонахождение	Факультет или отделение	Год поступления	Год окончания или ухода	Если не окончил, то с какого курса ушел	Какую специальность получил в результате окончания учебного заведения, указать № диплома или удостоверения

9. Какими иностранными языками владеете _____
_____

читаете и переводите со словарем, читаете и можете объясняться, владеете свободно

10. Ученая степень, ученое звание _____
11. Какие имеете научные труды и изобретения _____
_____
_____
_____
_____
_____

12. Выполняемая работа с начала трудовой деятельности (включая учебы в высших и средних специальных учебных заведениях, военную службу, участие в партизанских отрядах и работу по совместительству)

При заполнении данного пункта учреждения, организации и предприятия необходимо именовать так как они назывались в свое время, военную службу записывать с указанием должности

Месяц и год		Должность с указанием учреждения, организации, предприятия, а также министерства (ведомства)	Местонахождение учреждения, организации, предприятия
вступления	ухода		

13. Пребывание за границей
(работа, служебная командировка, поездка с делегацией)

Месяц и год		В какой стране	Цель пребывания за границей
с какого времени	по какое время		

РАЗДЕЛ 2

14. Участие в центральных, республиканских, краевых, областных, окружных, городских, районных партийных и других выборных органах

Местонахождение выборного органа	Название выборного органа	В качестве кого выбран	Год	
			избрания	выбытия

15. Какие имеете правительственные награды _____
    _{когда и кем награждены}
    _____
    _____
    _____
    _____
    _____
    _____
    _____
    _____
    _____
    _____
    _____

16. Имеете ли партвзыскания _____ Когда, кем, за что и какое наложены взыскание
    _{да, нет}
    _____
    _____
    _____
    _____
    _____
    _____
    _____

17. Отношение к воинской обязанности и воинское звание _____

    Состав _____ Род войск _____
    _{командный, политический, административный, технический и т. д.}

18. Семейное положение в момент заполнения личного листка _____
    _{перечислить членов семьи с указанием возраста}
    _____
    _____
    _____

19. Домашний адрес: _____
    《_____》_____ 19 ____ г.   Личная подпись

Работник, заполняющий личный листок, обязан о всех последующих изменениях (образовании, партийности, присуждения ученой степени. Ученого звания, награждения и снятия партийного взыскания и т. п.) сообщить по месту работы для внесения этих изменений в его личное дело.

Образец правильного заполнения анкеты смотрите Приложение 2 (стр. 155)

2. Вы — начальник отдела кадров вновь созданного СП. Вам нужно заполнить вакансии секретаря, инженера и бухгалтера. Познакомьтесь с первым кандидатом на должность секретаря. Прочитайте диалог I. Составьте аналогичный диалог с претендентом на должность бухгалтера и инженера.

3. Напишите Вашу автобиографию в свободной форме.

4. Составьте резюме на основании образца (см. Приложение 2, стр. 155)

5. Кем Вы хотели бы работать в СП? Представьте себе, что эта должность свободна. Напишите заявление на работу.

6. Позвоните на заинтересовавшую Вас фирму (СП). Задайте вопросы по образцу:

    Образец: Спросите, свободна ли еще должность менеджера.
    — Скажите, пожалуйста, у Вас еще свободна (не занята) должность менеджера?

    Спросите, не занята ли должность инженера, когда начинается и заканчивается рабочий день, какая зарплата, какие обязанности Вам предстоит выполнять, есть ли командировки, какие документы необходимы, когда нужно явиться на собеседование.

7. Вы ищете работу. Ознакомьтесь с объявлениями и выберите подходящий для вас вариант.

※ Специалист отдела рекламы торгового предприятия — мужчина/женщина, возраст 24 ~ 37 лет, высшее экономическое образование, успешный опыт работы по организации рекламных кампаний торговых предприятий, организация и ведение эффективной маркетинговой стратегии, контроль за эффективностью маркетинговой стратегии, ведение единой маркетинговой политики и организация работы в обозначенной концепции, требуется. Заработная

РАЗДЕЛ 2

плата от 1 5000 руб., социальные гарантии. К. А. "Макон". М.-Амурского ул., 18, оф. 201. Т. 30-65-41.

✳ Офис-менеджер (учебный центр), набор групп, организация процесса обчения, контроль оплаты, женщина, возраст от 20 лет, желательно высшее образование, приятная внешность, инициативность, коммуникабельность, требуется. Заработная плата 4 000 руб. + % от набора групп. К. Ц. "Бизнес-Сотрудничество". Промышленная ул., 20, оф. 4, ост. Большая (напротив Керамического завода). Т. 29-02-15. Т. 8-902-540-49-85.

✳ Заместитель главного бухгалтера (оптовая торговля), знание налогового учета (налог на прибыль), общего налогообложения, высшее образование, возраст до 40 лет, опыт работы главным бухгалтером/заместителем главного бухгалтера не менее 3 лет, знание ПК, "1С", требуется. Заработная плата от 15 000 руб. К. Ц. "Бизнес-Партнер". Шевченко ул., 16 (ОДОРА), оф. 53. Т. 32-75-41. Т. 42-04-68.

✳ Торговый представитель в компанию, занимающуюся реализацией продуктов питания, обязательно наличие личного автомобиля, опыт работы и высшее образование желательны, возраст до 30 лет, требуется. Готовы рассмотреть претендентов без опыта, но с большим потенциалом и желанием работать торговым представителем. Заработная плата от 550 у. е. + ГСМ. К. А. "Макон". М.— Амурского ул., 18, оф. 201. Т. 318-428. Т. 30-65-41.

Диалог II

На фирме

— Доброе утро, господа! Мы хотим познакомить вас сегодня с нашей фирмой. Вы уже знаете, что мы производим персональные компьютеры разных мощностей, портативные компьютеры и системы. Наша фирма состоит из следующих отделов: производственного отдела, отдела сбыта продукции, то есть отдела продажи и экспортного отдела, финансового и отдела кадров. С руководителями данных отделов вы уже знакомы.

— По юридическому статусу вы являетесь обществом с ограниченной ответственностью?

— Да. Наши органы — это собрание учредителей (членов) и руководство фирмы.

— Сейчас мы находимся в экспортном отделе. Мы экспортируем нашу продукцию в 6 стран мира. Недавно мы также открыли филиалы в двух странах. Сегодня мы пытаемся завязать деловые связи с вашей страной. Вы наш первый партнер. Кстати, наше предложение уже у вас?

— Да. Есть каталоги и прейскуранты.

— Сначала мы ждали вашего специального запроса и заказа, а затем попросили приехать.

— Спасибо. Я надеюсь, что мы обязательно заключим договор.

— Мы тоже на это надеемся. Завтра мы обсудим условия продажи и подпишем договор.

— Конечно.

— На сегодня все. Отдыхайте. А вечером — согласно программе — у нас театр.

 Новые слова:

сбыт 推销,销售;销路
финансовый 财政的,财务的;金融的
статус 地位;状态
экспортировать[完,未] что 输出,出口
филиал 分公司,分厂,分店,分行
каталог 产品目录,产品说明书,产品样本;目录;一览表
прейскурант 价格表,价目表,定价表
запрос 查询,函询;(复)要求,需要

Словосочетания:

портативный компьютер 手提电脑
отдел сбыта продукции 产品销售部
отдел кадров 人事处
общество с органиченной ответственностью (缩写 ООО) 有限(责任)公司
завязать деловые связи 建立业务联系
заключить(подписать)договор 签协议

РАЗДЕЛ 2

 Задания к диалогу II

1. Найдите в диалоге следующую информацию:

   о продукции фирмы;

   об отделах фирмы;

   о юридическом статусе фирмы;

   об экспорте продукции;

   о деловых связях фирмы;

   о планах деловых партнеров на завтра.

2. Вы — руководитель фирмы. Расскажите о своей фирме, используя информацию в диалоге II.

3. Ознакомьтесь с персоналом фирмы.

   Персонал Фирмы:

   ❋ Руководитель

   Начальник производственного отдела

   Начальник отдела сбыта

   ❋ Начальник финансового отдела

   Начальник отдела кадров

   Начальник отдела закупок

   ❋ Директор (управляющий)

   Менеджер

   Заведующий складом

   Делопроизводитель

   Представители фирмы

   Секретарь

   Владелец фирмы (работодатель)

   Как Вы думаете, кто еще может работать на фирме (совместном предприятии)?

4. Ознакомьтесь со структурой предприятия (таблица ниже).

   Назовите основные отделы предприятия и их руководителей.

   Назовите работников каждого отдела.

Схема предприятия

(Схема из учебника А. В. Бусыгина «Предпринимательство»)

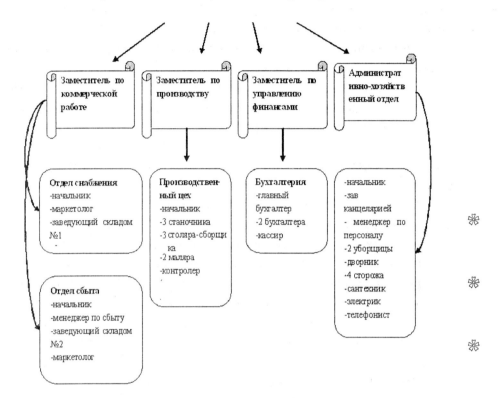

Данную таблицу можно изменить, дополнить, детализировать.

5. Используя таблицу, создайте свое СП с российским партнером. Определите вид будущей деятельности Вашего СП.
6. Вы — директор фирмы, состав которой перечислен выше. Представьте своему деловому партнеру основных сотрудников фирмы.
7. Ознакомьтесь с функциями работников предприятия в Приложении 3 (стр. 158) «Систематизация функций, подлежащих использованию в создаваемой структуре». Прокомментируйте их.
8. Ознакомьтесь с информацией.
   1) Сформулируйте вопросы к выделенным названиям объединений (компаний).
   2) Назовите основное отличие каждого названного объединения

РАЗДЕЛ 2

(компании) и переведите их на китайский язык.

Акционерное общество — объединение нескольких граждан и (или) юридических лиц для совместной хозяйственной деятельности. Капитал акционерного общества — совокупность индивидуальных капиталов, объединенных посредством выпуска и размещения акций и облигаций.

В акционерном обществе закрытого типа акции распределяются среди учредителей. Акционер может продать акции только с согласия большинства акционеров.

В акционерном обществе открытого типа акции продаются и покупаются свободно — согласия большинства акционеров не требуется.

Холдинговая компания — разновидность акционерного общества с более сложной организационной структурой. Ее цель — контрольные, управленческие, финансово-кредитные и другие функции по отношению к компаниям, контрольными пакетами акций которых она располагает. В роли головных холдинговых компаний обычно выступают инвестиционные фонды или компании. Холдинговые компании в России появились недавно.

Холдинговые компании могут иметь только акции других компаний или еще заниматься предпринимательской деятельностью.

Общество с ограниченной ответственностью — компания, объединяющая капиталы путем взносов пайщиков. Каждый пайщик имеет право собственности только на свою долю. Оно не имеет права выпускать акции.

Производственный кооператив (Артель) — коммерческая организация со статусом юридического лица, представляет собой добровольное объединение граждан для совместной производственной или иной деятельности. Собственность артели складывается из паев (пай — долевая собственность).

Унитарное предприятие — коммерческая организация, не имеющая права собственности на закрепленное за ней имущество.

В форме унитарных могут быть только государственные и муниципальные предприятия. Муниципальное унитарное предприятие организуется по решению органов местной власти. Государственное унитарное предприятие создается по решению государственного ор-

гана и наделяется имуществом с правом хозяйственного владения.
9. Скажите, есть ли в Нашей стране аналогичные типы компаний, обществ.

学习笔记

РАЗДЕЛ 3

Реклама

Тексты:
- I. О рекламе 40
- II. Роль слогана в рекламе 43

Диалог:
- I. О размещении рекламы 45

Текст I

О рекламе

Благодаря рекламе покупатель получает первую информацию о новом товаре. Реклама служит для того, чтобы информировать различным способом о новых товарах и услугах и их потребительских свойствах и направлена на потенциального потребителя.

Создать хорошую рекламу — дело непростое. Напечатать рекламу и заплатить за это деньги — еще не значит создать успех своему делу. Необходимо, чтобы реклама была честной, правдивой, указывала только те качества, которыми товар действительно обладает.

Одной из главных задач рекламы является информирование покупателей о новинке. Реклама является также одним из способов продвижения товара на рынок.

Главная сфера рекламной деятельности — это реклама в целях расширения сбыта продукции. Умелая реклама действительно стимулирует сбыт товара и способствует росту прибыли. Хорошая реклама приводит к росту бизнеса.

Реклама должна: — привлечь внимание покупателя
— вызвать интерес у покупателя
— вызвать желание приобрести товар и, главное, чтобы покупатель действительно его приобрел; только в таком случае можно считать, что реклама сработала.

Хорошей рекламой считается также та, которая побеждает на рынке, которая продает максимально эффективно и с минимальными затратами. Это реклама, которая делает деньги. Слово "продавать" в рекламе используется в широком смысле. Обычно реклама продает товары и услуги. Но она может «продавать» и социальные идеи (например, борьба с наркотиками, курением, движение за чистоту улиц, борьба за кандидата на выборах).

Существуют разные способы размещения рекламы. Самыми распространенными являются:

прямая реклама (по почте)

реклама в прессе (в газетах, журналах)

печатная реклама (проспекты, каталоги, плакаты)

телевизионная реклама

радиореклама

наружная реклама (крупногабаритные плакаты, электрифицированные панно с надписями и т. д.)

реклама на транспорте

реклама на месте продажи (витрины, вывески, упаковка и т. д.)

сувениры и другие малые формы рекламы (авторучки, папки, зажигалки и т. д.).

Одной из самых дорогих является реклама на телевидении.

❈ ❈ ❈ ❈

 **Новые слова:**

потребительский 消费者的;购买者的;消费性的
свойство 性质,性能,属性;特性,本性
потенциальный 〈书面语〉潜在的,潜藏的;可能的
правдивый 真实的,实在的,与事实相符的
новинка 新东西;新产品;新发明,新发现
умелый 有本领的,有本事的,有技巧的

РАЗДЕЛ 3

срабатывать［未］, сработать［完］①(只用完)что 做成, 做好, 制成；②(机器等)动起来, 起作用；开动起来
затрата (常用复) 费用, 开支；消耗
размещение 配置, 配备, 布置, 分布；布局
пресса 刊物, 报刊；〈集〉报界
плакат 宣传画；招贴画；标语
крупногабаритный 〈技〉大型的, 尺寸大的
электрифицированный 电动的；通电的, 有电的；电气化的
панно 〈中, 不变〉(用作装饰墙壁和天花板的) 绘画, 雕刻, 装饰板, 广告板
витрина 橱窗
вывеска 招牌, 牌匾
упаковка 包装
папка 夹子；文件夹

 Словосочетания:

создать рекламу 制作广告
напечать рекламу 刊登广告
сбыт продукции 产品销路；销售产品
минимальные затраты 最低费用；最少的支出
размещение рекламы 登广告

 Задания к тексту I

1. Ответьте на вопросы к тексту.
   1) Для чего служит реклама?
   2) Легко ли создать хорошую рекламу?
   3) Какой должна быть реклама?
   4) Что является главной сферой рекламной деятельности?
   5) В каком смысле используется в рекламе слово «продавать»?
   6) Что может «продавать» реклама?
   7) Какие способы размещения рекламы существуют?

2. Переведите, пожалуйста, следующие словосочетания на китайский язык и запомните их.

   Реклама — какая:
   общенациональная
   региональная
   местная
   наружная

телевизионная
газетная
убедительная;

Реклама чего:
~ товаров, ~ услуг, ~ фирмы

Рекламный:
агент
буклет
каталог
плакат
справочник
щит
стенд
видеоклип

рекламная:
вывеска
продукция

рекламное:
агентство
объявление
сообщение

学习笔记

Текст II

Роль слогана в рекламе

Успех рекламе дает заголовок (слоган). Слоган отличается от обычного заголовка повышенной эмоциональностью. Он призывает к немедленному действию — купить. Они часто обещают решить проблему покупателя. Нередко используется в слогане слово "ВЫ", которое помогает адресату рекламы идентифицировать себя с ее героем, увидеть себя в том человеке, который (согласно рекламе) воспользовался этим товаром и получил обещанный эффект. В слогане и в рекламном тексте должны быть слова, вызывающие положительные эмоции, тогда они сразу привлекают внимание. Употребление в слоганах и текстах слов с отрицательным значением (нет, убытки, потери, ошибка) — недопустимы.

РАЗДЕЛ 3

 Новые слова:

заголовок 标题;(书、著作等的)题目,名称

слоган ［英 slogan］简短而能打动人心的广告标题,广告词;口号

эмоциональность 情感性;感染力;激情

адресат 收信人,收件人

идентифицировать ［完,未］кого-что〈文语〉把……等同起来,确定……是同一的

положительный 肯定的;认可的;同意的,赞同的

эмоция 情感

убыток 亏损,损失

допускать［未］, допустить［完］что 或接不定式,准许,容许(做某事)

 Задания к тексту II

1. Ответьте на вопросы к тексту.
   1) Чем отличается слоган от обычного заголовка?
   2) К чему он призывает?
   3) Что он обещает?
   4) Какую роль выполняет слово «Вы» в слогане?
   5) Какие слова должны употребляться в слогане и в рекламном тексте?
   6) Какие слова не должны быть в рекламном тексте?

2. Составьте словосочетания со словом "рекламный".
   рекламное агентство, бюро, объявление, сообщение
   рекламный проспект, текст, ролик, справочник, отдел, агент
   рекламная газета, страница, полоса, компания

3. Закончите предложения, используя подходящие по смыслу словосочетания.
   1) Надо дать в газету……
   2) Составьте, пожалуйста,……
   3) Позвоните, пожалуйста,……
   4) Узнайте, сколько стоит……
   5) Надо послать нашим партнерам……
   6) Переведите, пожалуйста, на английский язык……

Диалог I

О размещении рекламы

— Здравствуйте! Это рекламное агентство?
— Да. Здравствуйте.
— Не могли бы вы проконсультировать меня по поводу размещения рекламы?
— Пожалуйста.
— Нашей фирме нужно дать рекламу. Хотелось бы узнать подробнее об условиях размещения рекламы.
— Да, я могу кратко ответить на ваши вопросы.
— Большое спасибо. Можно узнать ваши расценки?
— Конечно. Это зависит от объёма вашей рекламы.
— А форма оплаты?
— Наличный или безналичный расчёт.
— Текст рекламы нужно привести в агентство?
— Не обязательно. Можно отправить по почте или передать по факсу.
— Как быстро будет опубликовано наше рекламное объявление? Нам хотелось бы увидеть его в ближайшем номере.
— За срочность тариф увеличивается.
— А если мы хотим опубликовать нашу рекламу несколько раз?
— В таком случае предоставляется скидка.
— Замечательно. Можно записать ваш факс и расчётный счёт?
— Да, конечно.
— Спасибо. Я передам информацию своим коллегам. До свидания.
— До свидания.

Новые слова:

агентство 代理处,代办处,分销处,支行,支店,办事处
консультировать[未], проконсультировать[完]кого-что 或无补语,提供意见,答疑
повод 理由,口实,借口, по поводу чего 关于;由于;为了

РАЗДЕЛ 3

расценка 定价;单价
срочность 加急
тариф 税率;费率;价目(表)
скидка 打折,折扣

 Словосочетания:

рекламное агентство 广告代理公司
дать рекламу 做广告
форма оплаты 付款方式
наличный расчет 现金结算
безналичный расчет 非现金结算
текст рекламы 广告文
расчетный счет 结算账户

 Задания к диалогу I

1. Ответьте на вопросы.
   1) По какому вопросу был звонок в рекламное агентство?
   2) Как можно отправить текст рекламы в рекламное агентство?
   3) Какая форма оплаты за размещение рекламы?
   4) В каком случае предоставляется скидка рекламным агентством?
2. Прочитайте текст-образец. Выделите в нем основные единицы информации, актуальные для рекламного объявления.

РЕКЛАМА ПЛАСТИКОВОГО ОКНА

◎ *Остекление балконов из немецкого профиля*
◎ *алюминиевые раздвижные балконные рамы.*
◎ *Окна, за которыми хочется жить!*
◎ *Гарантийное обслуживание в течение трех лет.*
◎ *Бесплатные консультации и замеры.*
◎ *Короткие сроки исполнения заказов.*
Заказывайте!
◎ *Скидки — от 8 до 15%*
◎ *Ул. Муравьева-Амурского 4, оф. 216.*
◎ *Тел. 31-25-14*

Рекламное объявление обычно содержит следующую информацию:
   1) название организации-рекламодателя (логотип, знак фир-

мы);

2) предложение товаров, услуг; приглашение к сотрудничеству, поиск партнеров;

3) условия осуществления сделки:

   а) условия оплаты: цена, валюта, форма оплаты, льготы;

   б) условия поставки: сроки, количество, способ доставки;

   в) гарантии;

4) каналы связи.

Рекламное объявление, как правило, начинается с названия организации-рекламодателя.

Некоторые рекламные тексты начинаются с обращения к конкретному клиенту.

3. Ознакомьтесь с содержанием следующего рекламного объявления и проанализируйте его.

Гостиница «Хабаровск»

Удобное расположение в центре города удовлетворит интересы как бизнесменов, так и туристов — гостей нашего города.

У нас комфортабельные номера оснащены телефонами, телевизорами, холодильниками, кондиционерами, душевыми кабинами. Номера VIP, люкс и полулюкс — двухкомнатные, индивидуального дизайна.

Стоимость проживания включает завтрак, который ждет Вас в уютном круглосуточном баре.

Прейскурант цен на номера гостиницы «Хабаровск»

Категория номера	Стоимость номера (руб.)	Стоимость места (руб.)
VIP	7 200	—
люкс	4 600	—
полу-люкс	4 400	—
2-местный улучшенный	3 400	1 900
2-местный	3 000	1 700
1-местный улучшенный	2 500	—
1-местный	2 000	—

РАЗДЕЛ 3

4. Что предлагают фирмы?

Фирмы предлагают: товары, услуги. Про...

Фирмы предлагают следующие услуги:

Какие? юридические, коммерческие, кредитно-финансовые, посреднические, рекламные, сервисные, транспортные

В *области чего?* — в области торговли, в области туризма, в области совместного производства

В *чем?* — в рекламе, в сбыте, в разработке, в реализации, в распространении

Почему? — по обучению, по обслуживанию, по перевозке, по изготовлению, по ремонту, по размещению, по страхованию, по хранению.

5. Закончите микродиалоги. Используйте глаголы: публиковать — опубликовать, помещать-поместить, печатать-напечатать, изготавливать-изготовить, размещать-разместить, заказывать-заказать, распространять-распространить, рекламировать.

Образец:

— Нам нужно срочно...... рекламу нашего товара.

— Пожалуйста,......

— Нам нужно срочно дать рекламу нашей продукции.

— Пожалуйста. Позвоните в рекламный отдел газеты. (Обратитесь к нашему рекламному агенту. Дайте рекламный текст.)

1) — Можно ли...... рекламу наших изделий в Вашем журнале?

— Конечно......

2) — Мы хотим...... рекламы нашей продукции на обложке Вашего журнала.

— К сожалению,......

3) — Можно ли...... нашу рекламу на внутренних полосах Вашего журнала?

— Пожалуйста,......

4) — Нам нужно срочно...... рекламу наших услуг.

— Извините,......

5) — Вы...... рекламу цветную или только черно-белую?

— Разную......

6. Составьте диалог между работником рекламного агентства и заместителем директора фирмы.

7. Вашей фирме нужно сделать рекламу своего товара. Составьте текст рекламного объявления. Используйте слоган в рекламном тексте.

8. Вы работаете на фармацевтической фирме в Пекине и имеете деловые контакты с российской компанией. Позвоните в эту компанию и предложите каталог продукции и прейскурант.

学习笔记

РАЗДЕЛ 4
Банковская система в России

Тексты:
- I. Банковская система России 50
- II. Функции Центрального банка России 53
- III. Банки Хабаровска 55
- IV. Виды вкладов 58
- V. Кредитование населения 60

Диалоги:
- I. Откроем счет в банке 62
- II. Оформляем кредит 65

Текст I

Банковская система России

Банковская система России представляет собой двухуровневую систему, состоящую из Центрального Банка Российской Федерации, коммерческих банков, включая их филиалы, а также других кредитных учреждений.

В 1991 ~ 1992 годах в стране под руководством Центробанка была создана широкая сеть коммерческих банков и началась их компьютеризация.

Географическое распределение банков и банковского капитала в России пока еще неравномерно. Наибольшее количество банков находится в Москве. Вторым финансовым центром России является Санкт-Петербург, активно развиваются банки на Урале и в Сибири.

Банковская система России включает в себя эмиссионные банки и неэмиссионные банки. Эмиссионным правом государство наделяет, как правило, только один банк. Он отвечает за денежное обращение страны. Эмиссионный банк — это центр по организации банковского дела в стране. Это Центральный банк России. Вокруг него группируются все прочие банки и кредитные учреждения. Они являются неэмиссионными банками (это коммерческие банки, специализированные, биржевые, ипотечные и т. д.)

Через Центральный (национальный) банк осуществляются по всей территории страны расчетные операции. ЦБ устанавливает правила расчетов между банками и клиентами.

Одной из основных функций ЦБ является регулирование деятельности коммерческих банков и осуществление надзора за ними. Центральный банк также производит расчеты, проводит единую денежно-кредитную политику, поддерживает стоимость национальной валюты.

Банки должны содействовать государственным программам развития экономики страны.

Большую роль играет в этом направлении акционерный коммерческий банк — Сберегательный банк России, старейший банк страны. Он активно поддерживает экономику страны, в том числе малый бизнес. Банк активно сотрудничает с огромным количеством иностранных банков. Среди населения считается самым надежным и пользуется доверием граждан.

Банки несут ответственность перед государством. Они должны хранить тайну по операциям, счетам и вкладам банка, его клиентов и корреспондентов.

Надежность банка — главное условие. В 2003 году был принят Федеральный закон «О страховании вкладов физических лиц в банках России». Согласно этому закону вклады физических лиц подлежат обязательному страхованию.

✽ ✽ ✽ ✽

Новые слова:
кредитный 信贷的, 信用的, 贷款的
компьютеризация 计算机化

РАЗДЕЛ 4

распределение 分配
неравномерно 不平均,不均匀,不均衡
эмиссионый 发行(纸币、债券)的
наделять [未],наделить[完] кого-что,чем 分拨,分给
группироваться [未],сгруппироваться[完] (单数第一,二人称不用)集结;类集;集聚;集合
биржевой 交易的;交易所的;股票的
ипотечный (不动产)抵押的,抵押借款的
регулирование 调整,调节,调控
надзор 监视,监督,监察
содействовать[完,未] кому-чему 协助;促进,有助于
корреспондент 同业(银)行,往来(银)行,代理(银)行
страхование 保险

Словосочетания:

двухуровневая система 两级制
Центральный (национальный) банк 中央(国家)银行
коммерческий банк 商业银行
эмиссионный банк 发行银行
неэмиссионный банк 非发行银行
специализированный банк 专业银行
биржевой банк 交易银行
ипотечный банк(不动产)抵押放款银行
сберегательный банк 储蓄银行
денежное обращение 货币流通
расчетная операция 结算业务
осуществление надзора 实行(进行)监督
денежно-кредитная политика 货币信贷政策
национальная валюта 本国货币
обязательное страхование 强制保险

Задания к тексту I

1. Найдите в тексте ответы на вопросы.
   1) Что представляет собой банковская система России?
   2) Что было создано под руководством Центробанка в 1991 ~ 1992 годах?
   3) Как распределены банки в России?

4) Какие банки включает в себя банковская система страны?
5) В чем заключаются основные функции Центробанка?
6) Каковы обязанности банков?
7) Что способствует надежности вкладов населения?

2. Вставьте подходящие по смыслу глаголы.
   1) Наибольшее количество банков . . . . . . в Москве.
   2) Банковская система . . . . . . в себя эмиссионные и неэмиссионные банки.
   3) Через Центробанк . . . . . . расчетные операции по всей стране.
   4) Сбербанк России активно . . . . . . экономику страны, в том числе и малый бизнес.
   5) Сбербанк активно . . . . . . с иностранными банками.
   6) Банки должны . . . . . . тайну по вкладам, операциям и счетам клиентов.
   7) В 2003 году . . . . . . Федеральный закон «О страховании вкладов физических лиц в банках России».

Текст II

Функции Центрального банка России

Основная цель деятельности Центрального банка состоит в развитии и укреплении банковской системы России и обеспечении эффективного функционирования платежной системы.

Центробанк обладает исключительным правом денежной эмиссии и организации денежного обращения.

Банк России осуществляет свои функции в соответствии с Конституцией Российской Федерации и Федеральным законом «О Центральном банке Российской Федерации (Банке России)». Одной из основных функций Центробанка является защита и обеспечение устойчивости рубля.

Банк России выполняет также следующие функции:
— вместе с Правительством Российской Федерации он разрабатывает и проводит единую денежно-кредитную политику;
— устанавливает правила осуществления расчетов;
— устанавливает правила проведения банковских операций;
— осуществляет обслуживание счетов бюджетов всех уровней

РАЗДЕЛ 4

бюджетной системы;

— выдает кредитным организациям лицензии на осуществление банковских операций;

— осуществляет контроль за деятельностью кредитных организаций;

— организует и осуществляет валютное регулирование и валютный контроль в соответствии с законодательством Российской Федерации;

— определяет порядок осуществления расчетов с международными организациями, иностранными государствами, а также с юридическими и физическими лицами;

— устанавливает правила бухгалтерского учета и отчетности для банковской системы Российской Федерации;

— устанавливает и публикует официальные курсы иностранных валют по отношению к рублю;

— проводит анализ и прогнозирование состояния экономики Российской Федерации в целом и по регионам, прежде всего денежно-кредитных, валютно-финансовых и ценовых отношений, публикует соответствующие материалы и статистические данные.

❋ ❋ ❋ ❋

Новые слова:

функционирование 工作,经营业务；起作用,发挥职能
платежный 支付的,付款的,缴纳的
исключительный 专有的,持有的；超出常规的,例外的；异常的
конституция 宪法
устойчивость 稳定性,固定性
разрабатывать[未], разработать[完] что 研制,制订,提出
лицензия 许可证
отчетность 报表制度；财目；会计制度；报销单据
прогнозирование 预报,预测
статистический 统计的；统计学的

Словосочетания:

кредитная организация 信用机构,信贷组织
счет бюджетов 预算账户

банковская операция 银行业务
бухгалтерский учет 会计结算
официальные курсы 官方汇率
прогнозирование состояния экономики 预测经济状况
денежно-кредитное отношение 货币信贷关系
валютно-финансовое отношение 货币金融关系
статистические данные 统计资料(数据)

 Задания к тексту II

1. Прочитайте информацию и назовите основные функции Центробанка.
2. Представьте себе, что Вы — президент Центрального банка. Корреспондент газеты берет у Вас интервью. Расскажите о задачах и деятельности банка, используя информацию приведенных выше текстов.

 Текст III

Банки Хабаровска

Помимо Сберегательного банка в Хабаровске имеются следующие коммерческие банки и филиалы столичных банков: Регио-банк, Далькомбанк, Росбанк, Внешторгбанк, банк Москвы, банк «Евразия», Альфабанк и др.

К первым коммерческим банкам на Дальнем Востоке принадлежит **Далькомбанк**. Он был основан в Хабаровске в 1989 году. В настоящее время банк имеет 43 филиала в регионах Дальнего Востока. Около 10 тысяч предприятий региона являются клиентами Далькомбанка.

Далькомбанк тесно сотрудничает с пятью китайскими банками, включая банк Китая (Пекин), Сельскохозяйственный банк Китая (Пекин). В настоящее время банк изучает возможность открытия представительства в Харбине или Пекине. Далькомбанк предлагает банковские операции по обслуживанию внешней торговли и предлагает услуги для развития приграничного туризма между КНР и Россией.

Внешторгбанк является крупнейшим коммерческим банком

РАЗДЕЛ 4

страны. Внешторгбанк — один из ведущих кредиторов российской экономики. Он постоянно расширяет круг банковских операций и предоставляет клиентам широкий комплекс услуг. Наибольший удельный вес занимают кредитные вложения в предприятия топливно-энергетического комплекса, машиностроения и торговли, в том числе внешней.

Внешторгбанком заключен ряд кредитных соглашений с ведущими иностранными банками. Он располагает одной из наиболее разветвленных среди российских банков корреспондентских сетей — более 1 400 банков-корреспондентов, в том числе более 1 000 в 105 странах ближнего и дальнего зарубежья.

Дальвнешторгбанк был основан в 1991 году и является динамично развивающимся банком на Дальнем Востоке. На сегодняшний день банк открыл сеть своих филиалов по городам Дальнего Востока и Читинской области. Дальвнешторгбанк осуществляет весь комплекс банковских услуг, в том числе привлечение вкладов частных лиц по выгодным процентным ставкам и кредитование населения. Банк также осуществляет денежные переводы (например, ускоренные переводы в Китай в юанях, рублях, долларах) и платежи, в том числе за коммунальные услуги, услуги сотовой связи.

АЛЬФА-банк (существует в Хабаровске с 2000 г.) вкладывает в развитие экономики края большие средства (поддерживает развитие транспорта, лесной промышленности края, торговли). Предлагает все виды банковских услуг населению и предприятиям региона, имеет корреспондентские отношения со многими банками России и дальнего и ближнего зарубежья.

Новые слова:

помимо [前] чего 除……外
клиент 客户, 顾客
представительство 代办处, 代表机构; 代表团
приграничный 边境上的, 边境附近的
удельный 〈理, 技〉比的, 比率的, 单位的
располагать [未], расположить [完] чем 拥有, 具有, 掌握
разветвленный 设分部的, 有分支机构的

динамично 快速地

коммунальный 市政的；公用的，公共的

学习笔记

Словосочетания:

развитие приграничного туризма 发展边境旅游

удельный вес 比重

кредитное вложение в предприятия 对企业的信贷投资

процентная ставка 利率

кредитование населения 居民贷款

коммунальная услуга 市政服务（公用事业服务）

услуги сотовой связи 移动电信服务

Задания к тексту Ⅲ

1. Поставьте вопросы к тексту.
2. Дайте краткую характеристику каждого банка. Назовите основные виды деятельности банков.
3. Прочитайте следующие аббревиатуры（缩写语）и сложносокращенные слова. Объясните их значение：
   РФ, США, ФРГ, ЦБ, СКВ, Регнобанк, Внешторгбанк, Дальнешторгбанк, Далькомбанк, Евразия.
4. Образуйте от следующих словосочетаний словосочетания «существительное + существительное»：
   Образец：разрабатывать совместные проекты —
              разработка совместных проектов
   предоставить услуги, провести операцию с ценными бумагами, дать гарантии（выдача）, выполнять функции агента, обслуживать международные пластиковые карты, купить валюту, обменять рубли на доллары, расширять круг операций, оказывать финансовые услуги, взаимодействовать с иностранными банками, заключать кредитные соглашения, арендовать индивидуальный сейф, осуществлять финансирование.
5. Вставьте в следующие предложения подходящие по смыслу слова.
   1）Далькомбанк успешно...... с иностранными банками.
   2）Первый на Дальнем Востоке России коммерческий банк — ОАО Далькомбанк постоянно...... свое влияние на Дальнем

Востоке.

3) С 2003 года Далькомбанк...... в совместном эксперименте Центробанка России и Банка Китая по межбанковским расчетам в национальных валютах двух стран. (рублях и юанях) на территории Амурской области и провинции ХэйЛунЦзян.

4) Пять офисов Далькомбанка...... в городах на границе с Китаем.

5) Ежегодно российско-китайскую границу пересекает до 4 миллионов пассажиров, которые могут...... услугами банка по обмену валют, хранению денег.

6) Специалисты Далькомбанка со знанием китайского языка...... индивидуальные консультации и... в оформлении документов.

7) Ежегодно Далькомбанк...... годовой отчет на китайском языке.

6. Что Вы знаете о банках нашей страны? Расскажите об одном из банков нашей страны.

Текст IV

Виды вкладов

В последние годы население края стало больше доверять коммерческим банкам и их филиалам. Особенно после принятия Федерального закона в 2003 году об обязательном страховании вкладов физических лиц в банках Российской Федерации. Хотя старшее поколение все-таки больше доверяет Сбербанку.

Всеми банками предлагается традиционный вклад — вклад "до востребования", по нему начисляются самые низкие годовые проценты. Преимущество этого вклада в том, что клиент банка может снять деньги в любое время — без потерь. Все банки предлагают пенсионный вклад, привлекая пенсионеров относительно высокими процентами.

Традиционным видом вкладов являются целевые детские вклады с ежемесячным начислением процентов.

Банк Москвы, например, предлагает такие виды вкладов, как до востребования, "Московский муниципальный", "Престиж",

«Люкс», срочный вклад с ежемесячной выплатой процентов. Здесь можно также сделать вклад «Пенсионный» и «Долголетие» пенсионерам.

Во всех банках можно открыть валютный счет — срочный годовой и с ежемесячным начислением процентов, а также депозиты на срок 3, 6, 9 и 12 месяцев при определенном минимальном взносе.

Существуют праздничные вклады, которые связаны со значительными событиями, происходящими в стране, регионе.

 Новые слова:

доверять [未], доверить [完] кого-что кому-чему (信) 托, 付托, 委托
начисляться [未], начислиться [完] 被加算; 被记上
преимущество 优势, 优点, 优越性
муниципальный 自治市 (镇) 政府的
престиж 威信, 威望
люкс [不变, 形] 豪华的, 上等的; [用作名词] (旅馆、船舱、车厢等的) 特等间, 豪华间
депозит 存款; 提存; 提款
взнос 缴纳, 缴款; 出资; 款项

 Словосочетания:

вклад «до востребования» 活期存款
пенсионный вклад 养老存款
целевые детские вклады 儿童专项存款
ежемесячное начисление процентов 每月记息 (月息)
вкдад «Долголетие» 长寿存款
открыть валютный счет 开外汇账户
праздничный вклад 节日存款

 **Задания к тексту IV**

1. Расскажите, какие вклады предлагают сегодня банки.
2. Ознакомьтесь с информацией в Приложении 4 (стр. 160) о вкладах, которые предлагает Внешторгбанк (ВТБ-24). Прокомментируйте.
3. Ознакомьтесь с информацией в Приложении 5 (стр. 163) о дого-

воре сберегательного банка российской федерации.

РАЗДЕЛ 4  Текст V

Кредитование населения

Реально российский рынок потребительского кредитования начал расти только с 2000 года. К этому времени удалось обуздать инфляцию, поэтому банки пришли на помощь и торговым организациям, и потребителям (населению).

За последние годы отмечается массовый рост потребительского кредитования. Центральный банк России опубликовал свежую статистику, из которой можно сделать вывод, что граждане в 2006 году взяли больше кредитов, чем в 2005 году.

Банки делают ставки на дальнейший рост рынка потребительского кредитования.

В настоящее время розничное кредитование еще демонстрирует высокие темпы роста. Однако процентные ставки пока еще достаточно высоки. Но благодаря усилению конкуренции банки будут вынуждены их снижать.

Ожидается дальнейшее развитие экспресс-кредитования для покупки товаров в магазинах-партнерах: уже сейчас растет роль торговых предприятий в процессе кредитования. Магазины сами уже практикуют кредитование потребителей — продают в рассрочку.

* * *   * * *

Что касается хабаровских банков, то все банки предоставляют физическим и юридическим лицам различные виды кредитов. Кредиты выдаются на срок от 3 месяцев до 1 года, трех, пяти и 10 лет. Кредиты, которые выдаются на длительный срок, называются долгосрочными.

Потребительские кредиты могут выдаваться населению на приобретение товаров длительного пользования, на неотложные нужды, на приобретение автомобиля, на оплату проезда в отпуск и другие. Процентные ставки в разных банках разные, но обычно они составляют в среднем 16% (в зависимости от вида кредита). Многие банки и их филиалы предлагают в последнее время специальные образовательные кредиты.

Популярным у населения становится новый вид кредита — «Экспресс-кредит», который выдается на приобретение различных товаров по системе «Товары в кредит».

Активно развивается ипотечное кредитование населения края. Такой вид кредита выдается на срок до 10 лет, 15 и 20 лет. Однако получить данный вид кредита пока непросто.

 Новые слова:

обуздывать［未］, обуздать［完］кого-что〈雅〉抑制, 遏制, 控制; 约束
инфляция 通货膨胀, 通货充斥
демонстрировать［未］, продемонстрировать［完］кого-что 显示; 展出; 放映
конкуренция 竞争; 竞赛
экспресс-［复合词第一部分］表示"快的", "紧急的"
рассрочка 分期; 分期付款, 分期偿还
неотложный 刻不容缓的, 紧急的

 Словосочетания:

потребительское кредитование 消费贷款
обуздать инфляцию 控制通货膨胀
розничное кредитование 小额贷款
экспресс-кредитование 加急贷款
продать в рассрочку 按分期付款方式出售
товар длительного пользования 耐用商品
специальные образовательные кредиты 专项教育贷款

 Задания к тексту V

1. Ответьте на вопросы.
   1) С какого времени отмечается в России массовый рост потребительского кредитования?
   2) Какую статистику опубликовал Центробанк России?
   3) На что делают ставки банки в настоящее время?
   4) Что происходит с розничным кредитованием?
   5) Что предполагает экспресс-кредитование? Какие у него перспективы?
   6) Какие виды кредитов предлагают физическим и юридическим

РАЗДЕЛ 4

лицам банки в Хабаровске?

7) Как называются кредиты, которые выдаются на длительный срок?

8) На какой срок могут выдаваться кредиты?

9) Какие процентные ставки в банках?

10) Какие новые виды кредитов предлагают банки в последнее время?

2. Употребите подходящее по смыслу слово: «кредитование» или «кредит (кредиты)»:

1) Банки активно занимаются ...... населения.

2) Я хотел бы оформить в вашем банке......

3) Банки предоставляют различные виды......

4) Банки выдают долгосрочный......

5) Для оформления...... требуются определенные гарантии.

6) В этом банке можно взять ипотечный......

7) Потребительский...... активно развивается в последние годы в России.

8) Магазины активно практикуют...... населения.

9) Банк предлагает ипотечный...... физических лиц.

10) Но ипотечный...... получить непросто.

11) Ознакомьтесь, пожалуйста, с основными условиями......

12) Процентные ставки на персональный...... довольно высокие.

13) Скажите пожалуйста, какой максимальный размер...... в нашем банке?

3. Составьте предложение со следующими сочетаниями:

— снижать процентные ставки

— содействовать

— пользоваться доверием граждан

— считаться надежным

Диалог I

Откроем счет в банке

— Здравствуйте! Я хотел бы открыть счет в Вашем банке. Что для этого от меня требуется?

— Добрый день! Пожалуйста, заполните необходимые бумаги

и подойдите ко мне.

— Хорошо. Только мне хотелось бы уточнить некоторые вопросы.

— Я вас слушаю.

— Меня интересует, каков минимальный размер вклада?

— Это зависит от того, какой вклад Вы хотите открыть.

— Я хочу открыть срочный вклад с ежемесячной выплатой процентов.

— Минимальная сумма вклада в рублях составляет 1 000 рублей, а в долларах — 100.

— А сколько процентов годовых Вы гарантируете?

— До 6 ~ 7 процентов. Это зависит от величины вклада и срока его хранения.

— Спасибо. Это меня устраивает.

 Новые слова：

выплата 支付,偿付；费用,津贴

гарантировать ［完,未］что 保证,对……给于保证

величина 量,数；值

устраивать ［未］, устроить［完］кого-что 使满意,合适,方便

 Словосочетания：

открыть счет 开户

минимальный размер вклада 最低存款额度

срочный вклад 定期存款

процент годовых 年利率

срок хранения 存期

Задания к диалогу I

1. Ответьте на вопросы к диалогу.
   1) Какие вопросы интересуют клиента банка?
   2) Какой вклад желает открыть клиент?
   3) Какой процент годовых предлагает банк по срочному вкладу?
2. Составьте аналогичный диалог, используя следующий рекламный проспект Сберганка России.

Валютные вклады Сбербанка России

РАЗДЕЛ 4

и процентные ставки по ним, действующие с 16 февраля 2006 года

ДЕПОЗИТ Сбербанка России

сумма вклада (доллары США, евро)	1 месяц и 1 день	3 месяца и 1 день	6 месяцев	1 год и 1 месяц	2 года
от 300 до 10 000	3,75% годовых	4,75% годовых	5,75% годовых	6,75% годовых	7% годовых
от 10 000 до 100 000	4% годовых	5% годовых	6% годовых	7% годовых	7,25% годовых
от 100 000 и более	4,25% годовых	5,25% годовых	6,25% годовых	7,25% годовых	7,5% годовых

ПОПОЛНЯЕМЫЙ ДЕПОЗИТ Сбербанка России

сумма вклада (доллары США, евро)	6 месяцев	1 год и 1 месяц	2 года
от 300 до 10 000	5,6% годовых	6,6% годовых	6,85% годовых
от 10 000 до 100 000	5,85% годовых	6,85% годовых	7,1% годовых
от 100 000 и более	6,1% годовых	7,1% годовых	7,35% годовых

ОСОБЫЙ Сбербанка России

неснижаемый остаток (доллары США, евро)	6 месяцев	1 год и 1 месяц	2 года
1 000	5,5% годовых	6,5% годовых	6,75% годовых
10 000	5,75% годовых	6,75% годовых	7% годовых
100 000	6% годовых	7% годовых	7,25% годовых

УНИВЕРСАЛЬНЫЙ Сбербанка России на 5 лет	1% годовых

С 16 февраля 2006 г. приостанавливается прием следующих вкладов:
В долларах США: "ДОЛЛАР-ДЕПОЗИТ Сбербанка России" на 1 месяц и 1 день, на 3 месяца и 1 день, на 6 месяцев; "ЮБИЛЕЙНАЯ РЕНТА Сбербанка России" на 1 год и 1 месяц; на 2 года.

В евро:
"ЕВРО-ДЕПОЗИТ Сбербанка России" на 1 месяц и 1 день, на 3 месяца и 1 день, на 6 месяцев;
"НОВЫЙ ЕВРОПЕЙСКИЙ Сбербанка России" на 1 год и 1 месяц, на 2 года.

С 16 февраля 2006 г. производится пролонгация следующих видов действующих вкладов, (без явки клиентов) на новые условия и с изменением названия:
В долларах США: "ДОЛЛАР-ДЕПОЗИТ Сбербанка России" на 1 месяц и 1 день, на 3 месяца и 1 день, на 6 месяцев на "ДЕПОЗИТ Сбербанка России" на 1 месяц и 1 день, на 3 месяца и 1 день, на 6 месяцев соответственно;
"ЮБИЛЕЙНАЯ РЕНТА Сбербанка России" на 1 год и 1 месяц, на 2 год — на "ПОПОЛНЯЕМЫЙ ДЕПОЗИТ Сбербанка России" на 1 год и 1 месяц, на 2 года соответственно;
В евро:
"ЕВРО-ДЕПОЗИТ Сбербанка России" на 1 месяц и 1 день, на 3 месяца и 1 день, на 6 месяцев — на "ДЕПОЗИТ Сбербанка России" на 1 месяц и 1 день, на 3 месяца и 1 день, на 6 месяцев соответственно;
"НОВЫЙ ЕВРОПЕЙСКИЙ Сбербанка России" на 1 год и 1 месяц, на 2 года — на "ПОПОЛНЯЕМЫЙ ДЕПОЗИТ Сбербанка России" на 1 год и 1 месяц, на 2 года соответственно.

Акционерный коммерческий Сберегательный банк Российской Федерации (открытое акционерное общество), Дальневосточный банк
Россия, 680011, г. Хабаровск, ул. Брестская, 4 тел. (4212) 78 – 32 – 32
генеральная лицензия Банка России №1481 от 03.10.02 г.

3. Прочитайте следующую информацию и скажите, какие операции осуществляют банки.

Банки обычно осуществляют следующие операции:
— открытие и ведение валютных и рублевых счетов;

— международные расчеты в форме аккредитива, перевода, инкассо;

— открытие и ведение валютных и рублевых счетов;

— расчетно-кассовое обслуживание;

— операции по покупке и продаже иностранной валюты за рубли;

— операции с банкнотами во всех свободно конвертируемых валютах;

— операции с драгоценными металлами, в том числе с коллекционными монетами из драгоценных металлов (осуществляют не все банки);

— операции по покупке и продаже векселей по поручению клиентов;

— операции с депозитными сертификатами и векселями;

— кредитование в рублях и иностранной валюте;

— выдача гарантий по операциям клиентов и банков-корреспондентов, а также по привлекаемым иностранным кредитам;

— выпуск и обслуживание международных пластиковых карт;

— операции по покупке и продаже наличной иностранной валюты и платежных документов в иностранной валюте;

— экспертиза подлинности и платежности денежных знаков, платежных документов;

— оказание финансовых, консалтинговых и других видов услуг;

— сдача в аренду сейфовых ячеек в специально оборудованном хранилище

4. Просмотрите еще раз предыдущее задание. Скажите, что делает банк, употребите глаголы.

 Диалог II

Оформляем кредит

— Добрый день! Скажите пожалуйста, могу я оформить кредит в Вашем банке?

— Конечно. Мы предоставляем разные виды кредитов. Какой кредит Вы желаете оформить? Для чего?

РАЗДЕЛ 4

— Мне нужен кредит для обучения моего сына в университете. На какой максимальный срок Вы даете кредит?

— В данном случае Вы можете оформить долгосрочный кредит — сроком на 5 лет. Мы выдаем долгосрочные кредиты на сумму до 500 тысяч рублей. Хочу сказать, что в нашем банке первоначальный взнос не обязателен.

— А какая процентная ставка?

— Ставка по кредиту от 0,05% в день. Мы также предоставляем скидки для отдельных категорий клиентов.

— Я согласен.

— Только нам нужны определенные гарантии.

— Какие?

— Прежде всего поручительство тех, кто имеет работу.

— Хорошо. Какие документы я должен еще представить?

— Вам необходимо принести справку с места работы о доходах, поручительство и справку с работы поручителя, написать заявление-обязательство и, конечно, предъявить паспорт. Когда все перечисленные документы будут готовы, тогда можете получить деньги.

❄ ❄ ❄ ❄

Новые слова:
отдельный 单独的, 单个的; 独立的
категория 种类, 范畴; 等级, 类别
поручительство 担保, 保证; 保证书
справка 介绍信, 证明(书)
поручитель 担保人
перечислять [未], перечислить [完] кого-что 列举

Словосочетания:
оформить кредит 办理贷款
дать кредит 提供贷款
первоначальный взнос 首付
предоставлять скидки 打折
заявление-обязательство 申请保证书

Задания к диалогу Ⅱ

1. Ответьте на вопросы.
   1) На что оформляет кредит клиент банка?
   2) Устраивает ли процентная ставка клиента?
   3) Какие гарантии требуются для оформления кредита?
   4) Какие документы нужно представить клиенту?
2. Составьте аналогичный диалог.
3. Ответьте на вопросы.
   1) Что должен предъявить клиент, чтобы получить кредит в банке в нашей стране?
   2) На что можно получить кредит в банках нашей страны?
   3) Все банки нашей страны выдают кредиты физическим и юридическим лицам?
   4) Оформляли ли Вы или Ваши родители кредит в банке? На какие нужды?
4. Ознакомьтесь с информацией об ипотечном кредитовании Внешторгбанка в Приложении 6 (стр. 168).

   Расскажите, какие условия выдвигает банк для получения данного вида кредита.

РАЗДЕЛ 5
Страхование в России

Тексты:
- I. Что такое страхование? 68
- II. О страховых компаниях в России 72
- III. Страхование грузов 74

Диалоги:
- I. Страхование автомобиля 75
- II. Что страхуют компании в России? 77

Текст I

Что такое страхование?

Страхование удовлетворяет одну из основных потребностей человека — потребность в безопасности.

Целью страхования является защита. Страхование защищает имущественные интересы граждан и предприятий.

Страхование в России осуществляется на основании Гражданского кодекса и Налогового кодекса Российской Федерации, инструкций Правительства, Центрального банка РФ и министерства в области страхования.

Существует добровольное и обязательное страхование.

Добровольное страхование осуществляется на основании договора страхования и правил страхования.

Обязательное страхование определяется федеральными законами о конкретных видах обязательного страхования.

Система социального страхования в России включает в себя:

1) государственное социальное страхование;
2) обязательное медицинское страхование;
3) обязательное пенсионное страхование;
4) обязательное страхование от несчастных случаев.

Страховые платежи исчисляются по тарифной ставке от страховой суммы.

Тарифные ставки устанавливаются исходя из вида и степени риска.

Страхователями могут быть физические лица (население) и юридические лица (предприятия, организации, компании и др.).

Что касается сроков проведения страховых операций, то, как правило, выделяют краткосрочное страхование (сроком менее одного года), страхование со сроком 1 год, и долгосрочное страхование (со сроком более одного года).

Компании заключают договоры индивидуального и коллективного страхования.

Договоры индивидуального страхования заключаются в отношении одного застрахованного. При коллективном страховании застрахованными являются несколько человек. Примером коллективного страхования является страхование работников предприятия, при котором предприятие страхует, например, от несчастных случаев своих сотрудников.

Существуют разные страховые риски. Компании проводят страхование от стихийных бедствий, пожаров, страхование от аварий с транспортными средствами, страхование от болезней и несчастных случаев, страхование от коммерческих рисков, от политических и военных рисков.

Новые слова:
удовлетворять [未], удовлетворить [完] кого-что 使得到满足, 使满意, 使如愿以偿; 答应要求
имущественный 财产的
кодекс [дэ 及 де] 法典;〈转〉(道德、品行、思想等的) 准则, 规范
платёж, -ежа 支付, 付款
исчисляться [未]〈文语〉(其) 数量为, 共计

РАЗДЕЛ 5

тарифный 税率的, 费率的
риск 风险, 可能的损失;〈保〉保险事故
страхователь 投保人, 被保险者
застрахованный〈名〉投保人, 被保险者

 Словосочетания:

добровольное страхование 自愿保险
социальное страхование 社会保险
медицинское страхование 医疗保险
пенсионное страхование 养老保险
обязательное страхование от несчастных случаев 不幸事件强制保险, 人身意外伤害强制保险
страховые платежи 保险费
※ тарифная ставка 税率, 费率
страховая сумма 投保金额 (保额)
вид риска 风险种类 (险种)
※ степень риска 风险程度

 Задания к тексту I

※ 1. Объясните значение следующих слов и словосочетаний. Составьте примеры с данными словосочетаниями.

  страхуемый
  страховщик
  имущественные интересы
  индивидуальное страхование
  коллективное страхование
  коммерческие риски
  политические риски
  военные риски
  страховой полис
  страховой случай

2. Образуйте сочетания со следующими словами.
А. Потребность — в чём?
  Образец: потребность в страховании
оформление кредита, сотрудничество, инвестиции, строительство, лекарства, операция, партнерство, деловые контакты.
Б. Страхование — от чего?

Образец: страхование от стихийных бедствий

несчастный случай, болезнь, авария с транспортными средствами, воздействие электрического тока, воздействие воды, политические риски, коммерческие риски.

3. С какими из существительных, данных ниже, сочетаются следующие глаголы:

   исчислять......

   защищать......

   страховать......

   устанавливать......

   осуществлять......

убытки, страховая деятельность, сотрудники предприятия, тарифные ставки, интересы граждан, страховые платежи.

4. Употребите подходящие по смыслу глаголы.

   1) Страхование...... одну из основных потребностей человека — потребность в безопасности.
   2) Страхование...... имущественные интересы граждан и предприятий.
   3) Обязательное страхование...... федеральными законами.
   4) Тарифные ставки...... исходя из вида и степени риска.
   5) Договоры индивидуального страхования...... в отношении одного застрахованного.
   6) Примером коллективного страхования...... страхование работников предприятия.
   7) Компании...... страхование от стихийных бедствий, пожаров, страхование от аварий с транспортными средствами.

5. Ответьте на вопросы к тексту.

   1) Что является целью страхования? Что защищает страхование?
   2) На основании чего осуществляется страхование в России?
   3) Какие виды страхования существуют? Что для них характерно?
   4) Какие отрасли включает система социального страхования в России?
   5) Как исчисляются страховые платежи?
   6) Как устанавливаются тарифные ставки?
   7) Кто может быть страхователем?
   8) Какие сроки проведения страховых операций существуют?

РАЗДЕЛ 5

9) Что характерно для индивидуального страхования и для коллективного страхования?
10) Где применяется коллективное страхование?
11) Какие страховые риски существуют?

6. Сформулируйте по одному вопросу к каждому абзацу текста.
7. Составьте план и на основании плана передайте содержание текста.

Текст II

О страховых компаниях в России

В настоящее время в России осуществляют страховую деятельность разные компании. К ним относятся Росно, Ингосстрах, ВСК и многие другие.

Одной из старейших страховых компаний в России является Ингосстрах. Свою деятельность на международном и внутреннем рынках эта компания осуществляет с 1947 года. Ингосстрах входит в число лидеров отечественного страхового рынка по классическим видам страхования.

Услуги Ингосстраха доступны на всей территории РФ. В настоящее время Ингосстрах осуществляет свою деятельность в 182 российских городах. Компания насчитывает 88 филиалов и 8 представительств на территории стран ближнего и дальнего зарубежья.

Высокая деловая репутация Ингосстраха подтверждена рейтингами российских и международных агентств. Компания имеет рейтинг надёжности A + +. Это наивысший рейтинг, который присваивается лучшим страховым компаниям в России.

ВСК Страховой дом (военно-страховая компания) на страховом рынке успешно работает более 15 лет и имеет 300 филиалов и отделений по всей территории России. Под страховой защитой ВСК находится более 30 тысяч предприятий и организаций, более 10 миллионов российских граждан. Компании присвоен высший рейтинг надёжности A + +.

ВСК реализует более 80 высокоэффективных страховых программ, включая программы комплексного страхования.

Ежегодно Страховой Дом ВСК выплачивает своим клиентам

более 1 миллиарда рублей страховых выплат.

❋ ❋ ❋ ❋

 Новые слова:

лидер 领袖,首领;(比赛中)领先者
репутация 名声,名誉,声望
подтверждать[未],подтвердить[完]кого-что 或无补语,承认,证实,确认;证明正确;使确信
рейтинг 成就率(对某人成就的评价),知名度
присваиваться[未],присвоиться[完]кому-чему 被赋予,被给予(权利等);被授予(称号);以命名

 Словосочетания:

внутренний рынок 国内市场
страховой рынок 保险市场
виды страхования 险种
военно-страховая компания 军事保险公司
страховые выплаты 保险赔偿款

 Задания к тексту II

1. Объясните следующие выражения.
    входить в число лидеров
    присвоить высший рейтинг надежности
    программы комплексного страхования
    находиться под страховой защитой
2. Закончите следующие предложения.
    1) Одной из старейших компаний в России......
    2) Ингосстрах входит в число......
    3) Услуги Ингосстраха......
    4) Компания насчитывает......
    5) Высокая деловая репутация компании......
    6) Это наивысший рейтинг, который......
    7) ВСК Страховой дом на страховом рынке......
    8) Ежегодно Страховой Дом ВСК выплачивает......
3. Поставьте вопросы к тексту.
4. Обсудите содержание текста в диалоге.
5. Расскажите:

РАЗДЕЛ 5

о компании Ингосстрах;

о компании ВСК Страховой дом.

6. Расскажите об одной из страховых компаний в нашей стране.

 Текст Ⅲ

Страхование грузов

Многие страховые компании предоставляют услуги по страхованию грузов и обеспечивают страховую защиту груза до любых городов СНГ и зарубежных стран:

— защита при перегрузке товара;

— при хранении на складах до и после перевозки;

— при страховом случае.

При этом компании возмещают убытки в случае полной или частичной гибели груза, утраты или повреждения груза. Компания назначает сюрвейеры для установления размеров ущерба и установления причин.

Приведем пример. Клиент компании "ЗапСибЖассо" (Западно-Сибирские железные дороги) может застраховать свой груз по одному из следующих рисков:

— с ответственностью за все риски, при этом базовая ставка составляет 0,41% ~ 0,46 % от страховой суммы;

— с ограниченной ответственностью (базовая ставка — 0,33% ~0,37% от страховой суммы);

— без ответственности за повреждения, кроме случаев крушения (базовая ставка — 0,25% ~ 0,28% от страховой суммы).

Обычно выплата страхового возмещения производится в течение 5 ~ 10 дней с момента предоставления всех необходимых документов.

Новые слова:

возмещать[未],возместить[完]что 补偿,弥补,赔偿

гибель 灭亡;(非自然)死亡;〈转〉破灭,毁灭

утрата 丧失,遗失,损失

повреждение 损坏,损伤;破坏

сюрвейер (或 сюрвайер)〈海〉验船师, 船舶检验员;海损鉴定员,鉴定人
крушение (车、船等) 遇难,遇险

 **Словосочетания:**

предоставить услуги по страхованию грузов 提供货物保险服务
перегрузка товара 货物换装
хранение на складах 仓储
возмещать убытка 赔偿损失
установить размер ущерба 确定损失金额
установить причину 查明原因
застраховать груз 货物保险

 Задания к тексту Ⅲ

1. Как Вы понимаете следующие словосочетания:
   ответственность за все риски
   ограниченная ответственность
   выплата страхового возмещения
2. Ответьте на вопросы к тексту.
   1) Какие услуги предоставляют многие компании?
   2) Какую защиту они обеспечивают при перевозке груза?
   3) В каком случае компании возмещают убытки?
   4) Для чего назначает компания сюрвейеров?
3. По каким рискам может застраховать клиент компании «ЗапСиб-Жассо» свой груз?
4. Какая базовая ставка по рискам:
   а) с ограниченной ответственностью,
   б) с ответственностью за все риски,
   в) без ответственности за повреждения, кроме случаев крушения?
5. Когда обычно производится выплата страхового возмещения?

 Диалог Ⅰ

Страхование автомобиля

— Здравствуйте! Я хотел бы получить у вас консультацию.
— По какому вопросу?
— Меня интересует страхование автомобиля.

РАЗДЕЛ 5

— Наша компания может предложить вам целый пакет рисков.

— Мне хотелось бы застраховать автомобиль от угона.

— Да, конечно. Хочу сказать, многие наши клиенты страхуют свои автомобили от аварии.

— Очень хорошо. А вы можете объединить эти два вида в один пакет?

— Автокаско? Конечно. Очень важный вид — страхование гражданской ответственности перед третьими лицами. В таком случае именно страховая компания возмещает ущерб пострадавшему вместо клиента.

— Скажите, а что я как автовладелец должен страховой компании?

— Вам нужно только уплатить взнос по данному виду страхования.

— Хорошо, я согласен.

 Новые слова:

угон 被偷, 被盗
пострадавший 〈名〉受害者

Словосочетания:

пакет рисков 事故保险系列
застраховать автомобиль от угона 汽车防盗保险
объединить два вида в один 将两个险种合二为一
страхование ответственности 责任险
уплатить взнос 交清费用

 Задания к диалогу I

1. Ответьте на вопросы.
   1) Что интересует клиента?
   2) От каких рисков желает клиент застраховать свой автомобиль?
   3) Что такое автокаско?
   4) Кому возмещает ущерб страховая компания?
   5) Что должен уплатить клиент?
2. Инсценируйте данный диалог.

3. Скажите, как происходит страхование автомобиля в нашей стране.
4. Расскажите, какими видами страхования чаще всего пользуется население в Китае.
5. Пользуется ли Ваша семья услугами страховой компании? Какими услугами?

 Диалог II

Что страхуют компании в России?

— Скажите, пожалуйста, что обычно страхуют страховые компании в России? Как они осуществляют свою деятельность?

— Как правило, все страховые компании осуществляют деятельность по трем основным направлениям: личное страхование, имущественное страхование или страхование недвижимости, и страхование ответственности.

— Что представляет собой личное страхование?

— Личное страхование, как правило, включает: страхование от несчастных случаев и болезней; страхование пассажиров от несчастных случаев; страхование от несчастных случаев и внезапных заболеваний граждан, выезжающих за границу и др.

— А что включает в себя имущественное страхование?

— Существуют разные виды имущественного страхования, например, страхование имущества предприятий, организаций; страхование домашнего имущества; страхование строений; страхование сельскохозяйственных животных; страхование грузов; страхование средств наземного транспорта и т. д.

— Поясните, пожалуйста, что относится к страхованию ответственности.

— Страхование ответственности включает: страхование гражданской ответственности владельцев транспортных средств; страхование гражданской ответственности за причинение вреда и т. д.

 **Новые слова:**
недвижимость 不动产

РАЗДЕЛ 5

внезапный 突然的, 意外的
строение 建筑物, 房屋
причинение〈法〉损害, 加以危害

 Словосочетания:

страховая компания 保险公司
личное страхование 个人险, 人身保险, 人寿保险
имущественное страхование 财产险
страхование ответственности 责任险
наземной транспорт 地面交通, 陆地运输
причинение вреда〈法〉损害

 Задания к диалогу II

1. Образуйте сочетание.

    А. страхование — чего?

    Образец: страхование гражданской ответственности

    Б. страхование — от чего?

    Образец: страхование от внезапного заболевания

2. Назовите:

    а) основные направления деятельности страховых компаний в России;

    б) страховые риски, которые страхуются по категории «Личное страхование»;

    в) виды имущественного страхования;

    г) что включает в себя страхование ответственности.

3. Продолжите предложения с помощью диалога.

    1) Страховые компании осуществляют......

    2) Личное страхование, как правило, включает......

    3) Существуют разные виды......

    4) Поясните, пожалуйста, что относится к......

    5) Страхование ответственности включает......

4. Как Вы думаете, между кем данный диалог? Инсценируйте диалог.

5. На основании данного диалога составьте монолог, используя следующий план:

    1) Основные направления страховой деятельности в России

2) Личное страхование

3) Имущественное страхование

4) Страхование ответственности

6. Какие виды страхования существуют в нашей стране?
7. Ознакомьтесь с информацией и скажите, от каких рисков страхуют компании.

При страховании недвижимости, например, страховые компании возмещают ущерб, причиненный имуществу застрахованного, в результате:

— стихийных бедствий;
— пожара, взрыва газа;
— воздействия воды;
— кражи, ограбления;
— иных противоправных действий третьих лиц.

Скажите, как Вы понимаете выражение «противоправные действия третьих лиц».

РАЗДЕЛ 6

О ценах, условиях поставки и платежа

Тексты:
I. О цене 80
II. Что такое Инкотермс? 83
III. Перевозка грузов 85

Диалоги:
I. Обсуждение о ценах поставки 87
II. Обсуждение и подписание договора 88
III. Обсуждение условий платежа 91
IV. Подаем рекламацию 95

Текст I

О цене

Во внешнеторговом договоре цена является одним из самых существенных его условий.

Уровень договорной цены складывается под влиянием *объективных* факторов, которые не зависят от участников сделки: особенностей товара, его конкурентоспособности, торгово-политических условий и т. д.

Уровень цены складывается также под влиянием *субъективных* факторов, к которым относятся: выбор рынка, времени, места заключения сделки, коммерческие знания и т. д.

Цены находятся в тесной взаимосвязи с деятельностью фирмы и часто меняются. Они могут быть высокими и низкими (например, для массового рынка).

Смысл ценовой политики фирмы состоит в том, чтобы установить на товары такие цены и так варьировать их, чтобы обеспечить прибыль.

Ведение ценовой политики требует отличного знания обстановки на рынке, высокой квалификации лиц, принимающих решение.

Для успеха на рынке необходимо разрабатывать ценовую политику и постоянно проверять ее эффективность.

Разные фирмы могут по-разному подходить к проблемам ценообразования. В мелких фирмах цены часто устанавливает высшее руководство. В крупных компаниях этими проблемами обычно занимаются управляющие отделений.

В практике внешней торговли используют разные виды цен. Они связаны с различными особенностями купли-продажи. В зависимости от этих особенностей цена может быть:

— *базисная*, которая принимается в качестве базы при определении внешнеторговой цены данной продукции; ее согласуют на переговорах между продавцом и покупателем;

— цена *купли-продажи* (или фактурная). Цену купли-продажи определяют контрактом, условиями поставки; (фактурная цена, например, может включать расходы по перевозке товара, погрузочно-разгрузочным работам, страховании, оплате экспортных и импортных пошлин и т. д.)

— *мировая*, по которой товар реализуется на мировом рынке;

— *твердая* цена, которая устанавливается в договоре и не подлежит изменению;

— *оптовая*, по которой поставляется товар крупными партиями;

— *рыночная*, которая существует на данном рынке;

— *розничная*, по которой продажа ведется малыми партиями отдельным покупателям;

— цена *предложения*, которая указана в официальном предложении, или цена, с которой партнеры начинают вести переговоры, а затем в поисках компромисса приходят к *договорной* цене.

По согласованию сторон цены фиксируются в контракте в ва-

люте одной из стран-партнеров или в валюте третьей страны.

РАЗДЕЛ 6

 Новые слова:

складываться［未］, сложиться［完］（第一、二人称不用）建立, 形成, 确立
сделка 成交, 交易; 契约, 合同, 协定, 议定书
варьировать［未］〈文语〉使变体, 使变形; 采用不同的做法（说法）
фактурный〈商〉发票的, 发货单的
компромисс〈法〉仲裁协议; 妥协, 折衷

 Словосочетания:

внешнеторговый договор 外贸合同
объективный фактор 客观因素
субъективный фактор 主观因素
заключение сделки 签订契约, 成交
массовый рынок 大众市场
ценовая политика 价格政策
экспортная пошлина 出口税
импортная пошлина 进口税

 Задания к тексту I

1. Ответьте на вопросы к тексту.
   1) Как складывается уровень договорной цены?
   2) Что подразумевается под объективными факторами?
   3) Что относится к субъективным факторам?
   4) В чем состоит смысл ценовой политики?
   5) Кто устанавливает цены в фирмах?
   6) Какие виды цен используются в практике внешней торговли?
   7) Какими могут быть цены?
   8) Как фиксируются цены в контракте?

2. Сравните значения слов «цена» и «стоимость»:
   Стоимость — величина затрат на что-либо, выраженная в деньгах.
   Цена — показатель величины стоимости.

3. Запомните! Какая цена?
   (высокая, низкая, приемлемая, конкурентная, разумная, мировая, твердая, оптовая, розничная, договорная, фактурная, базис-

ная,)

Повышать: что? — цену

Понижать: что? — цену

Покупать/продавать: по цене ...... рублей за штуку (килограмм, тонну)

Скидка с цены: дать / предоставить скидку с цены в размере ...... %

4. Как сказать об уровне цен?

— цена *высокая*: цены повышаются, цены растут; повышение (рост, взлет, скачок, резкий скачок) цен;

— цена *низкая*: цены снижаются, понижаются, падают; понижение (снижение, падение) цен;

— цена *стабильная*: цены стабилизируются, стабилизация цен.

Текст II

Что такое Инкотермс?

Существуют международные стандарты обозначения базисных условий поставки.

Наиболее распространенными базисными условиями поставки выступают цены СИФ, ФОБ, КАФ и ФАС. Эти обозначения сначала применялись на морском транспорте, однако сегодня они используются и при перевозках всеми другими видами транспорта. Эти цены базируются на Международных правилах толкования торговых терминов, которые носят наименование «ИНКОТЕРМС».

В 2000 году был принят в Женеве Инкотермс-2000. Положения Инкотермс применяются к контрактам купли-продажи. Контракты купли-продажи должны содержать четкие ссылки на Инкотермс и слова «Инкотермс-2000».

Цена СИФ (CIF — первые буквы от английских слов cost, insuranct, freight — стоимость, страхование, фрахт, то есть транспортировка) предполагает, что продавец:

— передает покупателю товар;

— осуществляет за свой счет доставку товара до пункта назначения;

РАЗДЕЛ 6

— страхует товар на период его транспортировки.

Цена ФОБ (FOB — от английского free on board — свободен на борту) предлагает условия, противоположные цене СИФ, то есть обязанности и расходы по транспортировке и страхованию товара на период транспортировки возлагаются на покупателя.

Цена КАФ (CAF — первые буквы английских слов cost and freight — стоимость и фрахт) предполагает те же условия, что и цена СИФ, но исключается страхование; расходы по страхованию несет покупатель.

Цена ФАС (FAS — аббревиатура от английских слов free alongside the ship — свободен вдоль борта судна). Продавец доставляет товар в пункт погрузки и выкладывает его вдоль борта транспортного средства. При этом ответственность с одной стороны на другую переходит в момент выкладки товара.

✻ ✻ ✻ ✻

Новые слова:
Инкотермс 国际贸易术语解释通则
стандарт 标准, 规格
Женева 日内瓦 [瑞士]
ссылка 引文, 引句; 摘录
возлагаться [未], возложиться [完] ① на кого-что (责任等) 落到身上, 担负; ② 委托, 交托, 托付
аббревиатура 〈复合〉缩写语; 略写词
вдоль 〈前〉 (кого-чего) 沿着, 顺着
выкладка 陈列, 摆出, 摆上, 拿出

Словосочетания:
международные стандарты 国际标准
базисные условия 基础条件
СИФ (стоимость товара, страхование и фрахт) 到岸价格
пункт назначения 目的地
ФОБ (франко-борт судна) 离岸价格
КАФ (стоимость и фрахт) 成本与运费
ФАС (франко вдоль борта судна) 船边交货价格
пункт погрузки 装运地

 **Задания к тексту Ⅱ**

1. Скажите, какие цены используются в качестве базисных на международном уровне. Дайте краткую характеристику каждой цены.
2. Вставьте пропущенные слова.
   1) Инкотермс — сборник международных правил по...... торговых терминов.
   2) Положения Инкотермс применяются к контрактам......
   3) Цена СИФ предполагает, что продавец на период транспортировки...... товар.
   4) Цена ФОБ означает, что расходы по...... возлагаются на покупателя.
   5) Цена КАФ исключает......
   6) Цена ФАС предполагает, что до пункта продавец...... товар.

 Текст Ⅲ

Перевозка грузов

Транспорт играет важную роль во внешней торговле. Транспорт обеспечивает доставку груза от завода-изготовителя заказчику. На первое место при этом выступает соблюдение транспортных условий договора купли-продажи (контракта), сохранение качественных показателей товара, снижение транспортных издержек.

В процессе перевозок организации каждого вида транспорта вступают во взаимоотношения с грузоотправителем и грузополучателем. Порядок и основные условия перевозки, а также взаимоотношения между участниками перевозки устанавливаются и регламентируются соответствующими законами и нормативными актами.

При железнодорожных перевозках основным документом является накладная международного сообщения в рамках соответствующего соглашения (о прямом международном железнодорожном сообщении). Накладная является подтверждением наличия договора железнодорожной перевозки. Она выписывается грузоотправителем в пункте отправления и следует с грузом до пункта назначения.

При морских перевозках внешнеторговых грузов заключается договор морской перевозки между перевозчиком и отправителем

РАЗДЕЛ 6

груза (чартер). Перевозчик должен перевезти грузоотправителя в порт назначения и выдать его грузополучателю (или лицу, правомочному на получение груза).

❉ ❉ ❉ ❉

 Новые слова:

издержки ⟨复⟩ 花费,费用,成本
грузоотправитель 发货人
грузополучатель 收货人
регламентироваться ［完,未］被定出规则,制定细则,严格要求
акт 法令;决定;行为,行动;证书,证明文件
накладная ⟨名⟩ 运单;提货单;发货单
чартер (飞机、船只、车辆等)租赁,包租;租船合同,租船契约
правомочный ⟨法⟩ 有权能的,有权的

 Словосочетания:

перевозка грузов 货运
качественный показатель 质量指标
нормативный акт 法令(规章)
железнодорожная перевозка 铁路运输
накладная международного сообщения 国际运输单
морская перевозка 海运
прямое международное железнодорожное сообщение 国际直达铁路运输

 Задания к тексту Ⅲ

1. Ответьте на вопросы к тексту.
   1) Что обеспечивает транспорт?
   2) Что выступает при этом на первое место?
   3) С кем вступают во взаимоотношения организации?
   4) Что регламентируется законами и нормативными актами?
   5) Что является основным документом при железнодорожных перевозках?
   6) Кем и где выписывается накладная?
   7) Когда и между кем заключается договор морской перевозки?
   8) В чём заключаются обязанности перевозчика?
2. Вы должны отправить груз. Какой способ транспортировки това-

ра Вы выбираете? Почему? Обоснуйте.

Диалог I

Обсуждение о ценах поставки

— Господа! Позвольте продолжить обсуждение статей договора. Какие есть уточнения по объему сделки?

— Согласно ранее достигнутой договоренности объем сделки составляет 100 тысяч долларов.

— Хорошо. Теперь вопрос о ценах.

— Должен Вам заметить, наши цены значительно ниже мировых. Это цены, приемлемые для среднего покупателя.

— Вы знаете, что мы хотим закупить большие партии товара. Предполагается ли оптовая скидка?

— Мы обсуждали этот вопрос и согласны предоставить вам скидку на 10%. Вас это устраивает?

— Конечно, большое спасибо. Далее, хотелось бы уточнить форму оплаты товара.

— Было бы желательно оплатить товары в СКВ.

— В целом ваше предложение приемлемо. Мы хотели бы предложить вам заключить бартерную сделку. Наше предприятие могло бы продать вам по бартеру продукцию, которую оно выпускает.

— Хорошо, мы обсудим ваше предложение.

 Новые слова:

уточнение 更准确地说明,更详细地说明
приемлемый〈文语〉可以接受的;可以同意的
оптовый 批发的
закупать[未],закупить[完]что(成批地、大量地)购买,采买,采购
бартерный 易货贸易的,换货贸易的;交换的
бартер 物物交换,以物易物;交换

 Словосочетания:

объем сделки 成交额
оптовая скидка 批发折扣
закупить большие партии товара 购买大批商品

РАЗДЕЛ 6

СКВ (свободно конвертируемая валюта) 可自由兑换的外币
бартерная сделка 易货贸易

 Задания к диалогу I

1. Ответьте на вопросы.

   1) Какие основные вопросы поднимались на переговорах?

   2) К какому решению пришли партнеры?

2. Составьте аналогичный диалог.

3. Вставьте в следующий диалог подходящие по смыслу глаголы.

   — Уважаемые господа! Позвольте...... обсуждение статей нашего договора. Прошлый раз мы...... вопрос о ценах. Хотелось бы...... некоторые моменты сегодня. Нас не...... та цена, которую Вы назначили, так как она значительно выше цены на эту продукцию на мировом рынке. Мы хотели бы...... эти цены.

   — Расчет цен...... на базе мировых цен. Цена, предложенная нами,...... стоимость перевозки и страхования.

   — Мы...... вам ознакомиться с расчетами наших экспертов по ценам, а завтра...... обсуждение этого вопроса.

   — Хорошо, мы согласны.

4. Составьте из следующих словосочетаний аналогичный микродиалог.

   обсудить, обсуждать цены
   обсудить статьи договора
   уточнить вопрос о цене
   пересмотреть, пересматривать цены
   производить, произвести расчет цен
   мировые цены

 Диалог II

Обсуждение и подписание договора

— Итак, господа, за работу!

— Сегодня мы планировали подготовить контракт.

— Обсудим сначала вопрос об условиях продажи. В каком количестве товара вы заинтересованы? От этого ведь зависят скидка и транспортные расходы.

— Пока мы хотели заказать 6 компьютеров.

— При таких количествах скидки, конечно, не могут быть предоставлены. 5-процентная скидка дается только начиная с 10 штук.

— Но позже товар будет докуплен. Мы закажем его по телефону, а затем письменно.

— Да. Письмо-подтверждение служит предложением для заключения договора.

— Давайте вернемся к ценам и транспортным расходам.

— Пошлина, расходы на упаковку и транспорт несет клиент.

— И вопрос о времени поставки для нас очень важен. Наши клиенты требуют в последнее время товар срочно. Мы заинтересованы в кратчайших сроках поставки.

— Мы можем осуществлять поставки уже со следующего месяца.

— Итак, упаковка, маркировка, инспекция, контроль, гарантии, страховка, форс-мажор, арбитраж — это все согласно типовому договору. Сегодня подготовим договор. Мы уверены, что наши компьютеры найдут хороший сбыт на вашем рынке.

— Мы тоже на это надеемся.

— На сегодня все. Завтра обсудим вопрос об оплате.

Новые слова:

маркировка 运输标志, 唛头
инспекция 检查; 检查机关, 检查院
форс-мажор 不可抗力
арбитраж 仲裁, 公断; 套购; 套汇, 套利

Словосочетания:

транспортные расходы 运输费
5-процентная скидка 百分之五的折扣
письмо-подтверждение 确认函
расходы на упаковку 包装费
типовой договор 标准合同
найти хороший сбыт 找到好销路

РАЗДЕЛ 6

 Задания к диалогу II

1. Какие вопросы обсуждались на переговорах? Что было решено?
2. Вы обсуждаете с иностранными представителями контракт на поставку им вашего товара. Представители фирмы просят вас снизить цену на товар. Урегулируйте этот вопрос.
3. Запомните:

   Товар поставляется

   Товар будет поставлен

   Товар будет поставляться

   Товар может быть поставлен, отправлен

   Товар будет отгружаться

   С поставкой

   Поставка товара будет произведена:
   — в течение двух месяцев
   — в течение 1 (2,3,4) квартала
   — в течение сентября и октября текущего года

   Срок поставки:
   — по договорённости
   — в заявленный в вашем запросе срок
   — 1 месяц со дня открытия аккредитива
   — 3 недели со дня получения заказа

   Товар будет поставляться:
   — ежемесячно равными партиями
   — тремя равными партиями
   — в течение одного месяца

4. Составьте диалог, используя задание 3.
5. Составьте все возможные варианты поставки товара покупателю.

   Образец: Товар будет отправлен железной дорогой.
   Оборудование будет поставлено автотранспортом.

Машины	морская перевозка	отправлять
Компьютеры	авиа	доставлять
Запасные детали	курьер	посылать
Техника	автотранспорт	транспортировать
Лицензия	почта	
Документация	авиапочта	

Товар				железная дорога
Продукция			грузовой самолет
Оборудование

6. Обсудите со своим заместителем, когда может быть отправлен груз.

   Образец: — Когда может быть отправлен груз?
       — Груз может быть отправлен послезавтра.

   Техника — в течение 3 дней.
   Каталог — в любое время.
   Запасные детали — через неделю.
   Оборудование — через месяц.
   Прейскурант — через 2 дня.
   Заказанная продукция — с 20 марта.
   Станки — через месяц после подписания договора.

7. Запомните следующие выражения об условиях поставки.

   Мы еще не решили вопрос, касающийся условий поставки.
   Давайте его обсудим.
   Давайте перейдем к вопросу об условиях поставки.
   А как насчет срока поставки?
   Нас устроит поставка в течение ближайшего месяца.
   Нам было бы удобнее получить груз одной партией (двумя равными партиями, с интервалом в один месяц).
   Нас вполне устраивают Ваши условия поставки.
   К сожалению, мы не вполне согласны с вашими условиями поставки.
   Предложенные вами условия поставки нас не совсем устраивают.

8. Составьте диалог с клише и выражениями задания 7.

9. Ваши заказчики заинтересованы в скорейшем завершении строительства предприятия. В связи с этим они просят Вас сократить сроки поставки оборудования. Обсудите этот вопрос с заказчиком.

Диалог III

Обсуждение условий платежа

— Господа, перейдем к вопросу об условиях платежа. У нас ос-

РАЗДЕЛ 6

тался только этот вопрос.

— Есть несколько вариантов: оплата аккредитивом, оплата по инкассо (при этом расходы по инкассо несет продавец) и, конечно, наличными.

— Мы будем производить оплату по безотзывному подтвержденному аккредитиву через Внешторгбанк. Мы собираемся открыть аккредитив на полную стоимость товара.

— Когда Вы намереваетесь открыть счет?

— Как только получим извещение о готовности товара к отгрузке.

— Я должен вам напомнить, что согласно типовому договору, оплату следует производить в течение 10 дней. Если платежи отсрочиваются, то мы вправе начислять проценты.

— Возможны скидки?

— Да, при оплате в течение 8 дней.

— А вы не могли бы предоставить нам в этот раз один месяц отсрочки?

— Это возможно только при условии частичной предоплаты.

— Хорошо.

— Итак, все улажено. Еще что-нибудь важное?

— Вопрос о перевозке груза мы уже с Вами согласовали. Нужно подготовить все необходимые документы для железнодорожной перевозки, чтобы потом не было проблем на таможне.

— Конечно. Главное, правильно заполнить грузовую таможенную декларацию.

— Итак, все основные вопросы решены. Спасибо.

 Новые слова:

аккредитив 信用证；付款凭单
инкассо[中,不变]〈银〉代收,托收
извещение 通知
наличные[复,用作名词]现金,现款
отгрузка 装运,起运,发货
отсрочиваться[未], отсрочиться[完] 被延期,缓期
вправе[副](用作谓)有权,有理由

начислять [未], начислить [完] что 〈会计〉加算
предоплата 预付, 提前付款
улаживать [未], уладить [完] что ① 解决好, 安排妥善；② 〈口语〉整顿, 安排好

Словосочетания:

безотзывный аккредитив 不可撤销的信用证

полная стоимость 全价(额)

получить извещение 收到通知

начислять проценты 加算利息

частичная предоплата 部分预付款

Задания к диалогу Ⅲ

1. Скажите, какие основные вопросы были решены во время переговоров.
2. Ознакомьтесь с грузовой таможенной декларацией, которая заполняется при отгрузке товара. Заполните ее в Приложении 7 (стр. 170).
3. Запомните следующие клише и выражения об условиях платежа.

    Давайте обсудим вопрос об условиях платежа.

    Перейдем к вопросу об условиях платежа.

    Какие условия платежа вы можете предложить?

    Мы намерены производить оплату посредством безотзывного подтвержденного аккредитива через Внешторгбанк.

    Условия платежа — наличный расчет.

    Мы могли бы предоставить вам рассрочку платежа на 2 месяца.

    Мы согласны на ваши условия платежа.

    Условия платежа и другие условия подробно изложены в прилагаемом образце контракта.

    Все прочие условия указаны в прилагаемом образце контракта.
4. Составьте диалог, используя задание 3.
5. Прочитайте информацию и скажите, что нужно знать при определении условий платежа.

    Условия платежа

    При определении условий платежа в контракте устанавливаются:
    — валюта платежа;

РАЗДЕЛ 6

— срок платежа;
— способ платежа и форма расчетов;
— оговорки, направленные на уменьшение или устранение валютного риска.

Существует три условия оплаты товара:
— предоплата (оплата вперед);
— с оговоркой об отсрочке платежа: при этом внесение платежа в полной сумме переносится на более поздний срок, чем указано в договоре;
— оплата в рассрочку (по частям).

Платеж производится:
— через банк страны экспортера (продавца);
— посредством безотзывного аккредитива;
— посредством безотзывного и подтвержденного аккредитива;
— посредством безотзывного, подтвержденного и делимого аккредитива;
— наличными;
— в форме инкассо.

Платеж производится против предъявления:
— грузовых документов;
— счета и транспортных документов;
— отгрузочных документов, счета и сертификата качества.

6. Прочитайте информацию и скажите, какие условия оплаты и виды платежей существуют.

Виды платежей и платежный оборот:
— платеж против документов
— платеж до поставки
— авансовая выплата
— коммерческий аккредитив
— наложенный платеж
— перевод по почте
— платежное поручение
— инкассовое поручение
— платеж по инкассо
— платеж по аккредитиву
— гарантийное письмо банка

— оплата кредитной карточкой
— оплата наличными
— оплата месячными взносами
— оплата против счета авансом
— оплата на счет
— оплата без скидок после осмотра товара
— оплата без скидок после приема товара
— оплата без скидок тотчас после получения товара

Условия оплаты являются неотъемлемой частью всех договоров, а также условий продажи и поставки.

Диалог IV

Подаем рекламацию

— У нас проблемы.
— Что случилось?
— Оборудование пришло в поврежденной упаковке. К тому же не хватает одного ящика.
— А что указано в извещении о поставке? Мы не договаривались с поставщиком о частичной поставке?
— На этот раз нет.
— Надо заметить, проблемы с поставщиком у нас возникают уже не в первый раз.
— Вы правы.
— Думаю, нужно отправлять рекламацию по поводу недостающего товара. Необходимо также как можно быстрее выяснить, почему упаковка повреждена и терпим ли мы из-за этого убытки. Об этом тоже нужно указать в рекламации.

Новые слова:

рекламация 〈商〉(由于商品质劣、份量不足等)索赔,要求赔偿
поврежденный 弄坏的,毁坏的;弄伤的
поставщик 供应人(单位),供货人(单位),交货人(单位)

Словосочетания:

подать рекламацию 提出索赔

РАЗДЕЛ 6

поврежденная упаковка 包装破损

частичная поставка 分期供货

недостающий товар 缺货

терпеть убытки 遭受损失

 Задания к диалогу IV

1. Продолжите диалог. Составьте текст рекламации письменно, ориентируясь на образец Приложения 7 (стр. 170).
2. Познакомьтесь со следующими клише и выражениями.

    к сожалению, ...

    с сожалением сообщаем, что ......

    мы вынуждены сообщить вам, что ......

    мы должны поставить вас в известность, что ......

✳ товар оказался низкого (плохого) качества

    товар: не соответствует качеству

            оказался поврежденным

✳ часть товара отсутствует

    прибывшая партия не отвечает железнодорожной накладной №......

✳ прибывшая партия товара была плохо упакована

    при приемке товара были обнаружены следующие недостатки

    при испытании заказа выявились недостатки

    машина непригодна в эксплуатации

    сумма причиненного ущерба составляет ......

    брак составляет ......

    мы крайне недовольны качеством товара

    от заказчиков поступают жалобы на низкое качество товара

    повреждение товара было вызвано неудовлетворительной (некачественной) упаковкой

    партия товара прибыла со значительным опозданием

    мы до сих пор не имеем от вас никаких сведений об отгрузке товара

    мы вынуждены обратить ваше внимание на ......

    прилагаем: акт приемки №......

            акт экспертизы №......

            протокол испытаний №......

Факт недостатка товара подтверждается коммерческим актом
№ . . . . . .

Это дает нам право. . . . . .

К сожалению, мы должны просить о возмещении ущерба.

Мы готовы оставить товар у себя со скидкой в 10%.

Мы надеемся, что Вы будете согласны со скидкой.

Постарайтесь, пожалуйста, срочно обменять товар.

Мы просим возместить сумму убытка.

3. Составьте диалог, используя клише и выражения задания 2.
4. При испытании поставленного оборудования на нашем предприятии выявились серьезные недостатки. Вы обращаетесь в письменной форме с претензией к поставщику. Составьте текст рекламации.
5. Ознакомьтесь с информацией в Приложении 8 (стр. 174) о договоре поставки.

РАЗДЕЛ 7

Принимаем участие в ярмарке

Тексты:
- I. Хабаровская международная ярмарка 98
- II. Выставка «Архитектура, стройиндустрия Дальневосточного региона» 99
- III. Ознакомьтесь с обязательствами участника ярмарки 103
- IV. Ознакомьтесь с обязанностями организаторов ярмарки 104
- V. Подготовка к ярмарке 105

Диалоги:
- I. На ярмарке 107
- II. Ярмарки в России 109

Текст I

Хабаровская международная ярмарка

Огромную работу по организации выставок, ярмарок, аукционов разных направлений и уровней проводит хорошо известная не только на Дальнем Востоке, но и в России компания под названием «Хабаровская международная ярмарка». По юридическому статусу она является открытым акционерным обществом (ОАО).

На сегодняшний день она считается лидирующей в Дальневосточном регионе.

Начиная с 1994 года она проводит ежегодно до 10 универсальных и специализированных выставок-ярмарок. Их тематика достаточно широка и актуальна — от строительства до сферы отдыха и развлечений.

За последние два года среднее количество предприятий и фирм-участников выставок, организованных компанией, составило 150 ~ 200, а посетителей — от 3 до 5 тысяч человек в день. Это самые высокие показатели в регионе.

География участников выставок — территории Дальнего Востока, Сибири, Забайкалья, отдельные города центра России. Все более активно компания работает с зарубежными партнерами, в основном из стран АТР.

 Новые слова：

лидировать [未] 领先, 占先

универсальный 多方面的, 包罗万象的, 广博的；(指人) 知识渊博的, 多才多艺的；万能的, 通用的

актуальный 具有现实意义的, 迫切的

Забайкалье 外贝加尔 (地区)

 Словосочетания：

Хабаровская международная ярмарка 哈巴罗夫斯克国际博览会

юридический статус 法律地位

ОАО (открытое акционерное общество) 开放式股份公司

универсальные выставки-ярмарки 综合展销会

специализированные выставки-ярмарки 专业展销会

АТР (Азиатско-Тихоокеанский регион) 亚太地区

 Текст II

Выставка
«Архитектура, стройиндустрия Дальневосточного региона»

Для всех, кто соединил свою жизнь с увлекательным и почетным занятием, каким является строительство, сегодня становится жизненно важным принцип "Быть всегда в курсе". Потому что без знания и использования новейших технологий строительное дело, как никакое другое, обречено на неуспех.

Для того, чтобы "держать руку на пульсе", существует такая

РАЗДЕЛ 7

универсальная форма продвижения своей продукции и услуг, как промышленные выставки и ярмарки. Ведь на выставках всегда имеет место и расширение деловых связей, и повышение собственной компетенции, например на специально организуемых семинарах…

ОАО «Хабаровская международная ярмарка» ежегодно проводит выставку "Архитектура, стройиндустрия Дальневосточного региона". Она устраивается уже восемь лет подряд, с каждым годом становясь все интересной и полезной для участников и посетителей. Помимо традиционной демонстрации экспозиций и конкурса на "Золотую медаль" руководство выставки организует проведение специализированных семинаров, презентаций, мастер-классов по тематике использования в строительстве новых технологий, материалов, инструментов.

По итогам выставки выпускается каталог, который распространяется по многим регионам страны.

※ ※ ※ ※

 Новые слова:

обрекать [未], обречь [完] кого-что на что 〈文语〉使注定必遭, 使必遭
пульс 脉, 脉搏
компетенция 〈文语〉专长, 擅长; 所学(所知)范围
стройиндустрия 建筑工业, 建筑业
демонстрация 演示, 展示; 示威; 抗议
экспозиция 陈列品, 展品
презентация 〈商〉提出(票据等), (票据等)持兑

 Словосочетания:

увлекательное занятие 吸引人的职业
жизненно важный принцип 非常重要的原则
быть в курсе чего 通晓; 熟悉; 知道(某事的始末)
новейшие технологии 最新工艺
держать руку на пульсе 掌握行情
продвижение продукции 推销商品
расширение деловых связей 扩大业务联系
специализированный семинар 专业性讨论会
устраивать выставку 举办展览会

Задания к тексту I и II

1. Объясните следующие выражения и словосочетания:

    быть в курсе

    обречено на неуспех

    держать руку на пульсе

    повысить собственную компетенцию

    стройиндустрия

    конкурс на «Золотую медаль»

    мастер-класс

    заявить о себе

    проникнуться чувством причастности к чему-либо

2. Составьте свои примеры или ситуации с выражениями предыдущего задания.

3. Составьте сочетания по образцу.

    Образец: организовать (что?) выставку
    — организация (чего?) выставки

    1) организовать мастер-класс —
    2) расширять деловые связи —
    3) проводить аукцион —
    4) руководить семинаром —
    5) демонстрировать экспозиции —
    6) участвовать в ярмарке —
    7) заключать договор —
    8) проводить презентацию —
    9) повысить собственную компетенцию —
    10) выпустить каталог —
    11) распространить информацию —

4. Составьте предложения по образцу.

    Образец: Международная выставка-ярмарка способствует (чему?)
    — укрепление сотрудничества между странами
    Международная выставка-ярмарка способствует укреплению сотрудничества между странами.

    знакомство с достижениями в области экономики

    расширение контактов

РАЗДЕЛ 7

выгодные сделки
продвижение продукции на рынок
сбыт продукции
реклама продукции
заключение договора
увеличение товарооборота
внедрение новых технологий в производство
развитие деловых связей

5. Ответьте на вопросы к тексту I.
   1) Какую работу проводит компания «Хабаровская международная ярмарка»?
   2) Какой юридический статус у компании?
   3) С какого года она стала известной своей деятельностью в регионе?
   4) Сколько в среднем она проводит выставок-ярмарок ежегодно?
   5) Сколько организаций, предприятий и фирм участвует ежегодно в работе выставок (ярмарок)?
   6) Какова география участников ярмарок?

6. Ответьте на вопросы к тексту II.
   1) Какой принцип является сегодня жизненно важным для тех, кто занимается строительством?
   2) Без чего строительное дело в настоящее время обречено на неуспех?
   3) Чему способствует участие в промышленных выставках и ярмарках?
   4) Сколько лет подряд устраивается выставка «Архитектура, стройиндустрия Дальневосточного региона»?
   5) Какой конкурс организует ежегодно руководство выставкой?
   6) Какие мероприятия помимо конкурса на «Золотую медаль» организуются руководством выставки?
   7) Что выпускается по итогам выставки? Для чего?

7. Сформулируйте вопрос к каждому абзацу текста.
8. Дайте основную характеристику деятельности компании (ОАО) «Хабаровская международная ярмарка».
9. Ознакомьтесь с информацией о контракте в Приложении 9 (стр. 180) и в Приложении 10 (стр. 185). Прокомментируйте его.

Текст III

Ознакомьтесь с обязательствами участника ярмарки

Участник должен предварительно заполнить и отправить заявку для участия в ярмарке и внести регистрационный взнос. В регистрационный взнос, как правило, входит:

— размещение в официальном каталоге ярмарки (выставки);
— обеспечение пропусками и пригласительными билетами;
— предоставление схемы размещения стенда;
— подключение и использование электроэнергии.

Участник ярмарки принимает на себя следующие обязательства:

1) Предоставляет для продажи на ярмарке товары в соответствии с перечнем. Перечень является неотъемлемой частью договора. В перечне указываются количество, ассортимент и первоначальная цена товаров, предлагаемых для продажи.

2) Доставляет товары на ярмарку, либо обеспечивает их последующее получение на своих складах.

Новые слова:

заявка 申请(给予某种权力),申请书
схема 略图,简图,图解,示意图
стенд [тэ] 陈列架,陈列台,展览台
подключение 接入,接上,接通;〈转,口语〉联络,吸收
перечень, чня 清单,名单,目录
неотъемлемый 不可分割的,不可剥夺的
ассортимент (商品或产品的)品种、种类的总和;一整套,全套(物品)

Словосочетания:

заполнить заявку 写申请,填写申请表
участие в ярмарке 参加交易会
принимать на себя обязательства 承担义务

Задания к тексту III

1. Образуйте существительные от следующих глаголов:

РАЗДЕЛ 7

предоставлять —
размещать —
подключать —
обеспечивать —

2. А) Найдите в тексте и прочитайте предложения с образованными существительными задания 1.

   Б) Составьте предложения с данными существительными.

3. Как Вы понимаете следующие слова и словосочетания? Объясните.
   — регистрационный взнос
   — перечень
   — неотъемлемая часть договора
   — принимать на себя обязательства

4. Расскажите об обязательствах участников ярмарки.

Текст IV

Ознакомьтесь с обязанностями организаторов ярмарки

Организаторы ярмарки (выставки) организуют проведение ярмарки и способствуют заключению взаимовыгодных торговых соглашений как между участниками ярмарки, так и между ними и третьими лицами.

Например, организаторы должны:

— снабжать участников ярмарки необходимыми помещениями (склад, демонстрационные площадки, хранилище и т. д.);

— обеспечивать сохранность (хранение и охрану) товаров участников ярмарки;

— обеспечивать хорошие условия для успешного проведения ярмарки (выставки) и т. д.

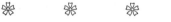

Новые слова:
снабжать [未], снабдить [完] кого-что, чем ①供给,供应,提供; ②附上; 增补,补充安装上
помещение (住人、放物的) 处所, 室, 房间
демонстрационный 演示的; 展示的; (电影等) 放映的
хранилище 库, 库房, 贮藏库; 保存所, 贮藏处
сохранность 完善保存; 完整无缺, 完好无损

Словосочетания:

организатор ярмарки 交易会组织者
заключение соглашений 缔结协定, 签订协议
демонстрационная площадка 展台, 展位
успешное проведение ярмарки 成功举办交易会

Задания к тексту IV

1. Скажите об обязанностях организаторов ярмарки, употребив словосочетание «принимать на себя обязательства».

    Образец: Организаторы принимают на себя обязательства по обеспечению хороших условий для проведения ярмарки.

2. Расскажите о деятельности организаторов ярмарки.

Текст V

Подготовка к ярмарке

17-ая международная Харбинская ярмарка проходила 15 ~ 19 июня 2006 года и стала одним из важных и массовых мероприятий проводимого Года России в Китае.

Дальневосточными компаниями проводилась очень серьезная подготовка:

— готовились инвестиционные проекты и перевод их на китайский и английский языки.

— осуществлялась подготовка собственных экспозиций и необходимой полиграфической презентационной продукции.

— предварительно формировались официальные делегации администраций регионов и определялся состав участников от предприятий и организаций и представителей деловых кругов.

Общая заявленная выставочная площадь составила 846 квадратных метров (кв. м.).

Наибольшие выставочные площади под собственные экспозиции заявили: Приморский край — 324 кв. метров, Хабаровский край — 100 кв. метров, Амурская область — 90 кв. метров.

РАЗДЕЛ 7

 Новые слова:

мероприятие 措施
полиграфический 印刷的
презентационный 展示的, 展览的

Словосочетания:

инвестиционный проект 投资方案
полиграфическая продукция 印刷品
презентационная продукция 参展品

Задания к тексту V

1. Как Вы понимаете следующие сочетания:
   выставочная площадь
   презентационная продукция
   официальная делегация администрации и регионов
   полиграфическая продукция
   инвестиционные проекты

2. Составьте сочетания.
   Соглашение между кем и кем?
   1) руководство — участник ярмарки
   2) продавец — покупатель
   3) заказчик — исполнитель
   4) заказчик — посредник
   5) отечественный предприниматель — зарубежный партнер
   6) представительство фирмы — руководство выставки

3. А. С какими существительными, приведенными ниже, сочетаются следующие глаголы?
   обсуждать — обсудить
   представлять — представить
   расширять — расширить
   арендовать
   развивать — развить
   заключать — заключить
   проводить — провести
   устроить — устраивать
   определять — определить

распространять — распространить
выпускать — выпустить
составлять — составить
производить — произвести
подписывать — подписать

(товары, продукция, каталог, техника, контракт, план, договор, деловые связи, текст рекламы, вид деятельности, переговоры, проект договора, площадь, аукцион, контакты, ярмарка, участники, партнеры, информация, презентация)

Б. Подумайте и скажите, с каким существительным можно составить наибольшее количество сочетаний.

4. Передайте краткое содержание текста.
5. Скажите, что Вы еще знаете о проведении международной ярмарки в Харбине.

Диалог I

На ярмарке

— Здравствуйте. Я представитель российской фирмы Иванов. Мы начинаем открывать торговлю компьютерами. Поэтому мы ищем поставщиков персональных компьютеров.

— Здравствуйте. Вы можете познакомиться с нашими экспонатами. Пожалуйста, пройдите сюда. Эти экспонаты дают хорошее представление о нашем производстве. У нас довольно большой ассортимент товаров. Вот каталог. Вы можете ознакомиться и с прейскурантом цен.

— Спасибо. Нам известно, что у вас довольно приемлемые цены.

— Да. Цены на нашу продукцию часто ниже мировых при высшем качестве и долгих гарантийных сроках. Наши товары имеют мировую славу.

— Это мы знаем, поэтому мы хотели бы наладить с вами контакты или, по крайней мере, начать сотрудничать.

— Не возражаем.

— К кому мне обратиться, чтобы обсудить вопросы заказа?

— Вы можете поговорить с директором, но сегодня его, к со-

РАЗДЕЛ 7

жалению, нет.

— И еще один вопрос. Вы проводите обучение специалистов?

— Подробности Вы можете обсудить с директором или его заместителем.

— Спасибо. Вот моя визитная карточка, и я надеюсь, что в самое ближайшее время я смогу связаться с Вашим руководством.

✾ ✾ ✾ ✾

 Новые слова:

экспонат（展览会、博览会的）陈列品，展览品

налаживать[未], наладить [完]что①建立起,搞好,安排好,组织好；② 修复，修好；调整好

подробность〈阴〉详情, 细节

связываться[未], связаться[完] с кем-чем①建立联系；建立关系，密切联系；②（用绳子）互相拴在一起；③（用通信工具）进行联系,接通

 Словосочетания:

открывать торговлю компьютерами 经销电脑
искать поставщиков 寻找供货商
прейскурант цен〈商〉价格表
гарантийный срок 保修期
иметь мировую славу 享誉世界
наладить контакты 建立联系
по крайней мере 至少
проводить обучение специалистов 培训专业人员
визитная карточка 名片

 Задания к диалогу I

1. Продолжите следующие предложения, используя содержание диалога.

1) Мы ищем поставщиков......
2) Эти экспонаты дают хорошее представление о......
3) Цены на нашу продукцию часто ниже......
4) Наши товары имеют......
5) Мы хотели бы наладить с вами контакты или......
6) К кому мне обратиться, чтобы......
7) Вот моя визитная карточка, и я надеюсь, что......

2. Поставьте вопросы к диалогу.
3. Определите для себя сферу вашей будущей деятельности и составьте аналогичный диалог.

 Диалог II

Ярмарки в России

— Скажите, давно в России проводятся ярмарки?

— Конечно. Часто проводились ярмарки уже в 19 веке. В середине 19 века в России было 6,5 тысяч ярмарок, в начале 20 века — 18,5 тысяч.

— Я слышал о Новгородских ярмарках.

— Да, ярмарка в Нижнем Новгороде была особенно знаменитой. Можно сказать, проведение ярмарок в России — это "старая новая традиция". Потому что традиция проведения ярмарок возродилась в последние десятилетия.

— А где проводятся ярмарки?

— В настоящее время во многих городах России проводятся многочисленные ярмарки и выставки.

— Какие ярмарки бывают?

— Это и промышленные, и сельскохозяйственные, и книжные, ярмарки. Проводятся также художественные, ювелирные, мебельные, различные продуктовые выставки-продажи.

— А аукционы?

— Аукционы часто проводятся в европейских городах России, особенно в Москве. Их проведение официально разрешено.

— Известно, что Россия часто участвует в международных ярмарках.

— Да, конечно. Например, во Всемирной выставке, в известной книжной ярмарке во Франкфурте-на-Майне, в продуктовой "Зеленой неделе" в Берлине, в международных ярмарках-выставках стран АТР.

Сейчас многие города стремятся выйти со своей продукцией и на европейский рынок. Участие в международных ярмарках способствует этому, а также стимулирует развитие промышленности в России.

РАЗДЕЛ 7

 Новые слова:

возрождаться [未], возродиться [完] ①复兴, 恢复, 振兴; 再现, 重新产生; ②产生, 出现

ювелирный 珠宝的, 首饰的; 〈转〉精巧的, 精致的

стимулировать [完, 未] кого-что 刺激, 促进, 推动, 鼓励

Франкфурт-на-Майне 〈美因河畔〉法兰克福 [德国]

 Словосочетания:

промышленные ярмарки 工业博览会

сельскохозяйственные ярмарки 农业博览会

художественные выставки-продажи 艺术品展销会

мебельные выставки-продажи 家具展销会

продуктовые выставки-продажи 食品展销会

всемирная выставка 世界博览会

выйти со своей продукцией на европейский рынок 把自己的产品推向欧洲市场

 Заданния к диалогу II

1. Назовите ярмарки, которые проводятся в России.
2. Инсценируйте диалог.
3. Назовите популярные ярмарки в Китае.
4. Скажите, какие ярмарки и выставки проводятся в вашем городе.
5. Назовите крупные международные выставки, ярмарки, аукционы.
6. Знаете ли Вы, что экспортирует Россия в Китай?
7. Расскажите, какую продукцию экспортирует Китай в Россию и в другие страны мира.
8. Ознакомьтесь с инфомацией в Приложении 11 (стр. 190) о договоре на поставку товаров для экспорта.

РАЗДЕЛ 8

Автотранспорт. Автомобиль на прокат

Тексты:
  I. Водитель на дороге ················ 111
  II. Немного истории ················ 115
  III. Прокат автомобиля ················ 117

Диалоги:
  I. В автомобиле ················ 120
  II. Арендуем автомобиль ················ 121

Текст I

Водитель на дороге

В современном мире, где так много машин и такие высокие скорости, садиться за руль должны только люди, умеющие водить автомобиль и знающие правила дорожного движения.

Отправляясь в путь, водитель транспортного средства должен всегда иметь при себе:

— водительское удостоверение на право управления автомобилем;

— документ о регистрации автомобиля;

— талон о прохождении технического осмотра;

— документ, который подтверждает право владения или пользования данным автомобилем;

— страховой полис обязательного страхования гражданской ответственности владельца.

Все эти документы водитель обязан предъявлять для проверки

РАЗДЕЛ 8

по требованию сотрудника милиции или инспектора ГИБДД.

Если водитель перевозит груз, то он должен иметь при себе:
— путевой лист,
— лицензионную карточку,
— документы на перевозимый груз.

Если водитель участвует в международном дорожном движении, то он обязан иметь при себе документы на автомобиль (а при наличии прицепа — и на прицеп) и водительское удостоверение.

На автомобиле должны быть обязательно отличительные знаки государства, в котором оно зарегистрировано.

Если водитель осуществляет международную автомобильную перевозку, он обязан останавливаться по требованию работников *Федеральной службы по надзору в сфере транспорта* и предъявлять для проверки документы, предусмотренные международными договорами Российской Федерации.

Водитель не должен превышать скорость дорожного движения.

В населенных пунктах разрешается движение транспортных средств со скоростью не более 60 километров в час (км/ч), а в жилых зонах и дворах — не более 20 километров в час.

За превышение скорости инспектором ГИБДД налагается штраф.

В России имеют право рассматривать нарушения и налагать штрафы:
начальник ГИБДД
заместитель начальника ГИБДД
сотрудники ГИБДД.

Новые слова:
руль 方向盘
удостоверение 证明书,证件;证明
талон 票;券;单据
полис 保险单
инспектор 检查员
прицеп 挂车,拖车

предусматривать [未], предусмотреть [完] что 规定；预见到
налагаться [未] 处以；加以
штраф 罚款
налагать [未], наложить [完] что 处以；加以

 Словосочетания:

садиться за руль 开汽车
правила дорожного движения 道路交通规则
водительское удостоверение 驾照
транспортное средство 交通工具
регистрация автомобиля 汽车注册(登记)
талон о прохождении технического осмотра 检车证
страховой полис 保险单
ГИБДД — Государственная инспекция безопасности дорожного движения（раньше ее называли ГАИ — государственная автоинспекция）国家道路交通安全检查机关
путевой лист（城市公共交通车辆）行程单
лицензионная карточка 许可证
отличительные знаки 特殊的标志
превышать скорость дорожного движения 超速
в населенных пунктах 在居民点
в жилых зонах 在居民区

 Задания к тексту I

1. Объясните следующие словосочетания.
   1) право управления автомобилем
   2) право владения автомобилем
   3) право пользования автомобилем
   4) талон о прохождении технического осмотра
   5) путевой лист
   6) лицензионная карточка

2. Закончите предложения, используя текст.
   1) Водитель транспортного средства должен......
   2) Если водитель перевозит груз, то......
   3) Если водитель участвует в международном дорожном движении, то......

РАЗДЕЛ 8

4) На автомобиле должны быть обязательно......

5) Если водитель осуществляет международную автомобильную перевозку,......

6) Водитель не должен превышать ......

7) В жилых зонах и дворах разрешается скорость......

3. А. Образуйте страдательное причастие от следующих глаголов.

Образец: написать — написанный

предъявлять

превышать

рассматривать

разрешать

перевозить

останавливать

предоставлять

подтвердить

Б. Согласуйте страдательное причастие с существительным, подходящим по смыслу.

скорость, документ, автомобиль, движение, груз, нарушение, право.

4. Ответьте на вопросы к тексту.

1) Какие документы должен иметь при себе водитель?

2) Кому он должен предъявлять документы?

3) Что должен иметь при себе водитель, если он перевозит груз?

4) Какие знаки он должен иметь на транспортном средстве?

5) Кому водитель должен предъявлять для проверки документы, если он осуществляет международную автомобильную перевозку?

6) Какие документы должен иметь водитель, участвующий в международном дорожном движении?

7) Какая скорость разрешается в населенных пунктах?

8) Кем налагается штраф за превышение скорости?

9) Кто имеет право рассматривать нарушения и налагать штрафы?

5. Скажите, чем занимается:

— Федеральная служба по надзору в сфере транспорта;

— начальник ГИБДД;

— инспектор ГИБДД.

6. Назовите обязанности водителя.
7. Скажите, что не разрешается водителю.
8. Обсудите содержание текста в диалоге.
9. Передайте содержание текста.
10. Скажите, кто в нашей стране осуществляет контроль за дорожным движением.
11. Расскажите, какие документы должен всегда иметь при себе водитель в Китае?
12. Скажите, с какой скоростью разрешается ехать водителю автомобиля внутри города в Китае? А за пределами города (населенного пункта)?

Текст II

Немного истории

Автоинспектор, останавливая водителя на дороге, спрашивает водительское удостоверение — права.

История появления автомобильных прав очень интересна.

В начале 20 века в мире уже было около 90 тысяч автомобилей.

Во многих странах задумались о едином документе для всех шоферов. Сначала его выдавали без экзаменов. Считалось, что автомобилем управлять легче, чем лошадями.

В 1909 году 20 стран подписали соглашение, по которому все водители автомобилей должны были сдавать экзамены.

В 1910 году в Москве открыли школу шоферов. Для получения прав надо было предоставить фотографию или рисунок своего автомобиля, знать правила дорожного движения, водить автомобиль, уметь его ремонтировать и разбираться в его устройстве.

Если водитель нарушал правила, права отбирали.

После революции 1917 года автомобильные курсы открылись во многих городах. Но права были действительны только в том городе, где получены.

Сейчас за порядком на дорогах следят сотрудники ГИБДД.

ГИБДД — это Государственная инспекция безопасности дорож-

РАЗДЕЛ 8

ного движения (раньше ее называли ГАИ — государственная автоинспекция).

 Словосочетания:

останавливать водителя на дороге 在路上让司机停车
выдавать права без экзаменов 不用考试发驾照
открыть школу шоферов 开办驾校
ремонтировать автомобиль 修理汽车
разбираться в устройстве 弄清构造
нарушить правила 违反规则
отбирать права 没收驾照
автомобильные курсы 驾校
следить за порядком на дорогах 维持交通秩序

 Задания к тексту II

1. Объясните следующие аббревиатуры и сложносокращенные слова:
   — ГИБДД
   — ГАИ
   — автоинспектор

2. Употребите подходящие по смыслу существительные со следующими глаголами. Используйте текст.
   нарушать что? —
   отобрать что? —
   следить за чем? —
   останавливать кого? —
   предоставить что? —
   управлять чем? —
   водить что? —
   ремонтировать что? —
   разбираться в чем? —

3. Сформулируйте ответы на вопросы к тексту.
   1) Кто останавливает водителя на дороге?
   2) Сколько автомобилей было в начале 20 века?
   3) С какого года водители автомобиля должны были сдавать

экзамен?

4) На основании какого документа водители должны были сдавать экзамен?

5) Когда открыли в Москве школу шоферов?

6) Что нужно было предоставить для получения прав?

7) Что должен был знать и уметь шофер?

8) В каком случае отбирали права у водителя?

9) Когда открылись автомобильные курсы?

10) Кто сейчас в России следит за порядком на дорогах?

4. Назовите обязанности:
— автоинспектора
— сотрудников ГИБДД

5. Передайте содержание текста.

6. Прочитайте и переведите реплики полицейского и водителя.

Реплики полицейского:

Ваши водительские права, пожалуйста.

У вас была превышена скорость.

Вы неправильно совершили обгон.

Вы не пропустили машину вперед.

Здесь парковка запрещена. Вам придется заплатить штраф.

Вы превысили скорость.

Вы не должны превышать скорость.

Вам известно, что максимальная скорость в городе — это 60 километров в час?

Реплики водителя:

Что я нарушил?

Разве я нарушил правила дорожного движения?

Разве я превысил скорость?

Какой штраф я должен заплатить?

Простите, я иностранец. Я этого не знал.

7. Составьте диалог, используя реплики полицейского и водителя.

Текст III

Прокат автомобиля

В Москве существует много фирм и компаний, которые оказы-

РАЗДЕЛ 8

вают различные транспортные услуги.

Многие компании рекламируют свои услуги с помощью сети "Интернет". Они, например, предлагают прокат автомобилей и дают подробную информацию о своём автопарке и условиях аренды.

Они размещают фотографии автомобилей с указанием марки и указывают тарифы.

Как правило, компании оказывают следующие виды услуг:
— прокат автомобиля без водителя;
— прокат автомобиля с водителем;
— прокат автомобиля для разовой поездки;
— прокат автомобиля на длительный срок.

Если, например, клиент желает арендовать автомобиль без водителя на срок от 3 до 10 дней, то тариф в сутки составляет в среднем от 40 до 80 долларов. При этом стоимость зависит от марки автомобиля.

В стоимость, как правило, включены:
— страхование от угона;
— страхование от повреждения;
— страхование от несчастного случая;
— техническое обслуживание;
— НДС (налог на добавленную стоимость).

Какие условия предъявляет фирма к клиенту, который желает арендовать автомобиль?

Автомобили предоставляются лицам не моложе 21 года и тем, кто имеет водительский стаж не менее трех лет.

Клиент должен внести залог.

Автомобиль могут доставить по указанному адресу. Но за эту услугу нужно заплатить дополнительно.

Оплата услуг производится в СКВ или в рублях.

❋ ❋ ❋ ❋

Новые слова:
прокат 出租，租用
стаж（工龄）年限
залог 押金；保证金

Словосочетания:

оказывать различные транспортные услуги 提供各种交通服务
рекламировать свои услуги 做广告宣传自己的服务（内容）
прокат автомобиля с водителем 租一辆带司机的汽车
налог на добавленную стоимость 增值税
иметь водительский стаж 有驾龄
внести залог 交押金
СКВ（свободно-конвертируемая валюта）可自由兑换的货币

Задания к тексту Ⅲ

1. С какими существительными употребляются следующие глаголы?

   доставить   реклама
   оказывать   информация
   рекламировать   автомобиль
   внести   фирма
   размещать   прокат
   предлагать   фотографии
   арендовать   аренда
   стоить   водительский стаж
   иметь   услуги, залог.

2. Употребите в следующих предложениях подходящие по смыслу глаголы.

   1) Многие компании ..... свои услуги с помощью сети «Интернет».
   2) Компании ..... прокат автомобилей и ..... подробную информацию о своем автопарке.
   3) Компании ..... следующие виды услуг.
   4) При этом стоимость ..... от марки автомобиля.
   5) Клиент обязательно ..... залог.
   6) Автомобили ..... лицам не моложе 21 года и имеющим водительский стаж не менее трех лет.
   7) Автомобиль ..... по указанному адресу.
   8) За эту услугу ..... дополнительно.

3. Сформулируйте вопросы к тексту.

РАЗДЕЛ 8

 Диалог I

В автомобиле

— Садитесь в машину, пожалуйста. Вам надо что-нибудь положить в багажник?

— Да. Я поставлю сумку.

— Минутку, сейчас открою. Ну, все в порядке?

— Да, спасибо.

— Где Вы хотите сидеть, на заднем или переднем сидении?

— На переднем.

— Пристегнитесь, пожалуйста. Включить кондиционер? Вам не жарко?

— Нет, спасибо. С какой скоростью мы сейчас едем?

— К сожалению, мы не можем ехать быстро, потому что сейчас часы пик. Хорошо, если не попадем в пробку.

— Главное, не опоздать на совещание.

— Будем надеяться. Хорошо, что я заправил машину вчера и нам не нужно заезжать на бензоколонку.

— Ну вот и подъезжаем. Но, к сожалению, здесь нет места для парковки. Придется парковать машину не рядом с офисом. Да, нам придется пройти немного пешком.

— Ничего. Ведь у нас есть еще несколько минут в запасе.

 Новые слова:

багажник（汽车的）后背箱
пристегиваться[未], пристегнуться[完] 扣上, 扣住, 扣上安全带
кондиционер 空调
пик 高峰, 顶点
пробка 堵塞; 瓶塞; 塞车
заправлять[未], заправить[完] что 给……上（油）, 加油
бензоколонка 加油站
парковка 泊位
парковать[未] что 停放
запас 储备; 储备品

Словосочетания:

положить сумку в багажник 把包放到后背箱
сидеть на переднем сидении 坐在前排位置
часы пик（运输、发电厂等工作中的）高峰时间,高峰期
попасть в пробку 遇上塞车(堵塞)
заправить машину 给汽车加油
заезжать на бензоколонку 顺路去加油站
место для парковки 停车位
парковать машину 停放汽车
несколько минут в запасе 还剩几分钟

 Задания к диалогу I

1. Запомните следующие слова и словосочетания из диалога:
   парковка
   место парковки
   парковать машину
   попасть в пробку
   пристегнуться = пристегнуть ремни
   переднее сидение
   заднее сидение
   часы пик
   заправить машину
   бензоколонка
   ехать со скоростью...... километров в час

2. Составьте предложения или микроситуации с данными словосочетаниями.

3. Вы спешите в аэропорт. Составьте свой диалог, используя выше приведенные слова и словосочетания.

Диалог II

Арендуем автомобиль

— Здравствуйте. Я хотел бы взять машину на прокат.
— Какого класса?
— Если можно, БМВ или Фольксваген. Можно и Хонду.
— Вам нужно специальное оборудование, например, телефон,

РАЗДЕЛ 8

радио, телевизор?
— Ну, думаю, телевизор мне не понадобится.
— На какой срок Вам нужен автомобиль?
— На 4 дня. Сколько это стоит?
— Цена в сутки составляет в среднем 50 долларов, включая страхование и налог на добавленную стоимость.
— Это мне подходит.
— Заполните, пожалуйста, этот формуляр и не забудьте поставить свою подпись.
— Я должен заплатить всю сумму сразу?
— Как хотите. Можно платить за каждые сутки отдельно.
— Спасибо.

 Новые слова:

БМВ (德国产) "宝马" 牌轿车
Фольксваген 大众牌轿车
Хонда (日本产) "本田" 汽车
понадобиться [完] кому 需要, 用得着
формуляр 登记卡; 履历表

 Словосочетания:

взять машину на прокат 租一辆汽车
специальное оборудование 专用设备
поставить подпись 签上名字
заплатить всю сумму сразу 一次性全额付款
платить за каждые сутки отдельно 每天单独付款

 Задания к диалогу II

1. Прочитайте следующие реплики.
   На бензозаправочной станции
   Реплики служащего:
   Залить бензин?
   Какой бензин вам залить?
   Залить новое масло?
   Помыть машину?
   Вашу машину надо взять на буксир.

С машиной маленькая техническая неполадка.

У вас серьезная поломка.

Автосервис здесь недалеко.

Реплики водителя:

Залейте бензин марки 98.

Залейте новое масло, пожалуйста.

А вы можете помыть машину? Вы оказываете такую услугу?

Кажется, у меня технические неполадки.

Где находится ближайший автосервис?

2. Составьте диалог, используя реплики служащего бензозаправочной станции и водителя.

学习笔记

РАЗДЕЛ 9

Налоги

Тексты:
I. О налогах 124
II. Какие доходы не подлежат налогообложению? 127
III. О таможенных пошлинах 130

Диалоги:
I. Какие налоги платят в России? 132
II. Налогообложение иностранных предприятий в России 134

Текст I

О налогах

Подоходный налог с населения — один из важнейших источников государственных доходов. Налог на доходы с физических лиц является федеральным налогом. Он взимается на территории всей страны по единым ставкам.

В России с 2001 года все граждане платят единый подоходный налог в размере 13%.

Второй по значению налог с населения — налог на имущество физических лиц. Он охватывает более 20 миллионов физических лиц, которые являются собственниками различного вида имущества.

Имущественный налог включает в себя:

— налог на имущество;

— налог на наследование и дарение;

— налог с владельцев транспортных средств.

Налогообложение населения по данным видам налогов также регулируется на основании федерального закона.

Что касается предприятий, фирм, то они облагаются налогом на прибыль, налогом на добавленную стоимость, земельным налогом и другими.

Предприятия, которые производят предметы роскоши, а также алкогольные напитки, икру, платят акцизный налог. Акциз входит в цену этих товаров.

Общественные организации и благотворительные фонды освобождаются от налога — НДС.

В России с 2001 года введен единый социальный налог, который поступает в государственные внебюджетные фонды:
— Фонд обязательного медицинского страхования,
— Фонд занятости,
— Фонд социального страхования,
— Пенсионный фонд.

Граждане, которые имеют заработки не только на основной работе, должны заполнять декларацию о доходах и сдавать ее в налоговую инспекцию. В настоящее время у таких лиц, как правило, есть документ — ИНН (идентификационный номер налогоплательщика).

❄ ❄ ❄ ❄

 Новые слова:
подоходный 按所得计征的
источник 来源,源泉
доход 收入
взиматься 征收
имущество 财产,产业
охватывать[未], охватить[完] 包括
наследование 继承
дарение 赠与,赠送
налогообложение 课税,征税
облагаться [未] 课税,征税
роскошь 豪华

РАЗДЕЛ 9

алкогольный 酒的,含酒精饮料的
акцизный 消费税的
благотворительный 慈善的,募捐的
внебюджетный 预算外的
занятость 就业
идентификационный 识别的
налогоплательщик 纳税人
ИНН 纳税人识别号(码)

 Словосочетания:

подоходный налог 所得税
налог на доходы 收入税
налог на имущество 财产税
налог на наследование и дарение 继承和赠与税
налог с владельцев транспортных средств 车辆税
налог на прибыль 利润所得税
земельный налог 土地税
производить предметы роскоши 生产奢侈品
платить акцизный налог 缴纳消费税
благотворительные фонды 慈善基金
фонд занятости 就业基金
заполнять декларацию о доходах 填写收入报告单

 Задания к тексту I

1. Обратите внимание на аббревиатуры.
   НДС — налог на добавленную стоимость
   ИНН — идентификационный номер налогоплательщика

2. Объясните следующие словосочетания.
   — единая ставка
   — благотворительный фонд

3. А. Запомните:
   Налог — на что?
   налог на добавленную стоимость
   налог на имущество

   Б. Продолжите ряд примеров, используя текст.

4. Продолжите предложения, используя текст.

1) Налог на доходы с физических лиц является......
2) Все граждане платят......
3) Второй по значению налог с населения — ......
4) Что касается предприятий, фирм,......
5) Общественные организации и благотворительные фонды......
6) Предприятия, производящие предметы......
7) В России с 2001 года введен......

5. Ответьте на вопросы к тексту.
1) Как взимается подоходный налог на территории всей страны?
2) Какой налог платят все граждане?
3) Что включает в себя налог на имущество?
4) Как регулируется налогообложение населения в России?
5) Какими налогами облагаются предприятия, фирмы и другие юридические лица в России?
6) Какие предприятия платят акцизный налог?
7) Какие предприятия и фонды освобождаются от НДС?
8) В какие фонды поступает единый социальный налог?

6. Сформулируйте свои вопросы к тексту.

7. Как Вы думаете, чем занимаются внебюджетные фонды.
1) фонд обязательного медицинского страхования;
2) фонд занятости;
3) фонд социального страхования;
4) Пенсионный фонд.

8. Обсудите содержание текста по плану.
а) Подоходный налог с населения
б) Имущественный налог
в) Обложение налогом предприятий, фирм
г) Социальный налог

Текст II

Какие доходы не подлежат налогообложению?

Согласно Налоговому кодексу РФ налогообложению не подлежат:

РАЗДЕЛ 9

— государственные пенсии;

— государственные пособия, за исключением пособий по временной нетрудоспособности;

— алименты;

— все виды компенсационных выплат, установленных законодательством РФ;

— выплаты донорам за сданную кровь и другую донорскую помощь;

— суммы, получаемые в виде грантов, предоставляемые для поддержки науки и образования международными организациями;

— суммы единовременной материальной помощи, оказываемой в связи со стихийными бедствиями;

— суммы, уплаченные за лечение своих работников и их детей;

— стипендии студентов, аспирантов, докторантов;

— доходы, не превышающие 2 000 рублей;

— доходы, которые получает фермер от продажи выращенных в личных подсобных хозяйствах скота, птицы, продукции животноводства, растениеводства.

Кроме того, доходы отдельных категорий иностранных граждан не подлежат налогообложению. Это касается доходов глав и персонала представительств иностранного государства; обслуживающего персонала представительств, сотрудников международных организаций.

❋ ❋ ❋ ❋

Новые слова:

пособие 补助金, 津贴; 教科书; 参考书
исключение 例外
нетрудоспособность 丧失劳动能力
алименты (复) 赡养费
компенсационный 补偿的
донор 供血者
грант 奖励基金
фермер 农场主
подсобный 辅助的

скот 家畜,牲畜
животноводство 畜牧业;畜牧学
растениеводство 种植业;植物栽培学

 Словосочетания:

пособие по временной нетрудоспособности 因临时丧失劳动能力(而得的)补助金

выплаты донорам за сданную кровь 给供血者的献血费

в связи со стихийными бедствиями 由于自然灾害

подлежать налогообложению 应缴税

глава и персонал представительств 代办处的领导和员工

 Задания к тексту II

1. Объясните значение следующих слов и словосочетаний.
   грант
   единовременная материальная помощь
   личное подсобное хозяйство
   обслуживающий персонал
   компенсационные выплаты
   подлежать налогообложению

2. Составьте предложения или микроситуации с выше приведенными словосочетаниями.

3. А. Образуйте от следующих глаголов страдательные причастия настоящего времени.
   Образец: предлагать — предлагаемый
              проводить — проводимый
   оказывать
   предоставлять
   взимать
   поставлять
   получать
   оплачивать
   решать
   ввозить
   включать
   облагать
   производить

РАЗДЕЛ 9

Б. Образуйте от следующих глаголов страдательные причастия прошедшего времени.

Образец: предлагать — предложенный
поставлять — поставленный

производить
опубликовать
показывать
разрабатывать
устанавливать
получать
решать
выращивать
перевозить
оплатить
вносить

4. Составьте с образованными причастиями задания 3 словосочетания с существительными.

Образец: А. ввозимый товар
взимаемый налог
Б. установленные выплаты
перевезенный груз

5. Найдите предложения со страдательными причастиями в тексте «Какие доходы не подлежат налогообложению?»

 Текст III

О таможенных пошлинах

Таможенные пошлины занимают особое место в ряду государственных доходов.

Таможенные налоги и сборы поступают в федеральный бюджет.

Таможенные платежи — это налоги и сборы, взимаемые таможенными органами с участников внешнеэкономической деятельности при ввозе или вывозе товаров.

К основным таможенным платежам относятся:
— таможенная пошлина;

— налог на добавленную стоимость;
— акцизы;
— таможенные сборы за таможенное оформление.
Факультативные сборы включают в себя:
— таможенные сборы за хранение товаров;
— таможенные сборы за таможенное сопровождение товаров;
— платежи, взимаемые по единым ставкам и т. д.

Существуют следующие таможенные пошлины: экспортные, импортные и транзитные.

Экспортные пошлины широко применяются в России и распространяются в основном на топливно-энергетические и другие сырьевые товары, а также рыбопродукты, лесоматериалы и др.

Импортные пошлины взимаются при ввозе товаров на таможенную территорию государства и широко применяются во многих странах, в том числе и в России.

Транзитные пошлины взимаются за провоз товаров по территории страны.

Новые слова:
сбор 税,费;征收
оформление 手续;形成
факультативный 附加的
транзитный 过境运输的,直达运输的

Словосочетания:
таможенные сборы за таможенное оформление 海关清关手续费
факультативные сборы 附加税(杂费)
таможенные сборы за таможенное сопровождение товаров 海关押运商品的海关规费
транзитные пошлины 过境税(通行税)
ввоз товаров на таможенную территорию государства 商品进入国家关境

Задания к тексту Ⅲ
1. Запомните следующие словосочетания.
   взимать пошлину

РАЗДЕЛ 9

взимать по единым ставкам
поступать в бюджет
таможенный сбор
ввоз товаров
вывоз товаров

2. Ответьте на вопросы к тексту.

1) Куда поступают таможенные налоги и сборы?
2) Что такое таможенные платежи?
3) Что относится к основным таможенным платежам?
4) Что включают в себя факультативные сборы?
5) Какие таможенные пошлины существуют?
6) На что распространяются экспортные таможенные пошлины в России?
7) В каком случае взимаются импортные таможенные пошлины?
8) За что взимаются транзитные пошлины?

3. Передайте краткое содержание текста.

Диалог I

Какие налоги платят в России?

— Скажите пожалуйста, какие налоги платят в России?

— На основании Налогового кодекса РФ и Закона «Об основах налоговой системы РФ» физические и юридические лица платят федеральные налоги, региональные и местные налоги.

— Какие налоги являются федеральными?

— К федеральным налогам относятся, например: налог на добавленную стоимость (НДС), акцизы, налог на доходы физических лиц, единый социальный налог, таможенная пошлина и многие другие.

— Какие федеральные налоги платят предприятия, фирмы?

— Например, налог на прибыль организаций, платежи за пользование природными ресурсами, налог на добычу полезных ископаемых, экологический налог и многие другие.

— А какие налоги относятся к региональным?

— Региональными могут быть: налог на имущество предприятий и организаций, налог на недвижимость, налог на игорный бизнес.

— А местные налоги какие?

— Местный налог включает в себя, например, земельный налог; налог на рекламу. К тому же к местным налогам относятся также и различные сборы.

— Какие сборы?

— Их много. Например, регистрационный сбор с физических лиц, занимающихся предпринимательской деятельностью; сбор за право торговли; лицензионный сбор за право проведения местных аукционов и лотерей; сбор за право проведения кино — и телесъемок и т. д.

 Новые слова:
экологический 生态的
игорный 赌博的
лицензионный 许可证的
лотерея 抽奖
телесъемка 电视摄影

 Словосочетания:
федеральный налог 联邦政府税(联邦税)
региональный налог 地区税
местный налог 地方税
единый социальный налог 统一社会税
платежи за пользование природными ресурсами 支付自然资源使用费
налог на добычу полезных ископаемых 矿物开采税
налог на игорный бизнес 赌博业税
сбор за право торговли 贸易权费

 Задания к диалогу I

1. Скажите, какие налоги платят юридические и физические лица в России.
2. А платят ли подобные налоги в нашей стране?
3. Какие еще налоги платят в Китае?
4. Как Вы думаете, какие виды налогов можно еще дополнить к

данному перечню?

5. Преобразуйте следующие словосочетания.

Образец: налог в 2 % (два процента) — двухпроцентный налог

налог в 13%
налог в 3%
налог в 1%
налог в 5%
налог в 25%

Диалог II

Налогообложение иностранных предприятий в России

— Здравствуйте. Наша компания открывает предприятие в вашей стране. Не могли бы Вы проконсультировать меня по вопросу налогообложения иностранных предприятий в России?

— С удовольствием. В настоящее время иностранные предприятия осуществляют свою деятельность с учетом правил налогообложения, которые установлены для российских предприятий и организаций.

— Как иностранные предприятия уплачивают налог на прибыль?

— В соответствии с Налоговым кодексом РФ. Такой порядок отвечает общемировой практике. Он является справедливым по отношению ко всем участникам предпринимательской деятельности — и иностранным, и российским.

— А как нужно платить налог?

— Иностранное предприятие обязано встать на учет в налоговых органах по месту своей деятельности.

— Что для этого требуется?

— Для постановки на налоговый учет необходимо представить: письменное заявление, учредительные документы и...

— Извините, а на каком языке они должны быть?

— На русском языке. При этом их перевод должен быть нотариально заверен. Но это не все.

— Что еще необходимо с моей стороны?

— Налоговые органы всегда требуют документ о платежеспособности иностранного юридического лица. Такой документ выдается банком, который его обслуживает. И тоже с нотариально заверенным переводом на русский язык.

— А что такое ИНН?

— Это идентификационный номер налогоплательщика. Когда предприятие встает на учет, то ему присваивается ИНН.

— Где нужно платить налог на прибыль?

— По месту постановки на учет в налоговом органе.

— А какие налоги еще платят иностранные предприятия?

— Налог на добавленную стоимость, налог на имущество.

— Скажите, а расчет налога для иностранных и российских предприятий отличается?

— Нет. Расчет налога на имущество для иностранных и российских предприятий одинаков.

— Большое спасибо за консультацию.

 Новые слова:

учет 核算，统计
справедливый 公正的，公平的
нотариально 公证地
заверять [未], заверить [完] что 证明，证实
расчет 结算，计算
консультация 答疑

 словосочетания:

с учетом правил налогообложения 考虑税收规则
отвечать общемировой практике 符合世界惯例
встать на учет в налоговых органах 在税收机构办理登记
постановка на налоговой учет 提出税收核算
документ с нотариально заверенным переводом 具有公证译文的文件
расчет налога 税额计算

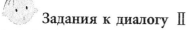 **Задания к диалогу II**

1. Объясните следующие словосочетания.

общемировая практика

РАЗДЕЛ 9

осуществлять предпринимательскую деятельность

налоговый орган

нотариально заверенный перевод

2. Закончите предложения, используя диалог.
   1) Такой порядок отвечает......
   2) Иностранное предприятие обязано......
   3) Для постановки на налоговый учет необходимо представить......
   4) Налоговые органы всегда требуют документ о......
   5) Налог на прибыль нужно платить по месту......
   6) Расчет налога на имущество......

3. Расскажите, какие налоги платят иностранные предприятия в России.

4. Расскажите, как и где необходимо встать на налоговый учет иностранному предприятию в России. Какие документы необходимы для постановки на учет?

5. Инсценируйте данный диалог.

6. Что Вы знаете о налогообложении иностранных предприятий в нашей стране? Расскажите об этом.

7. Обсудите в диалогах следующие темы:
   1) взимание налогов с населения в Китае;
   2) взимание налогов с фирм, предприятий, компаний в Китае.

РАЗДЕЛ 10. Деловая корреспонденция

> Лингвокоммерческие комментарии
> I. Деловое письмо ··········· 137
> II. Письмо-запрос ··········· 138
> III. Письмо-предложение ········· 140
> IV. Заключение договора ········· 141
> V. Сопроводительные документы ······ 142
> VI. Подтверждение заказа ········ 143
> VII. Рекламация ············ 144

I. Деловое письмо
Реквизиты делового письма

Шапка, которая содержит: — наименование фирмы-отправителя, торговый знак фирмы, адрес, номера телефонов, факса, телекса.

Сектор адресата: тип отправления (срочное, заказное, АВИА), название фирмы и имя адресата, улица, номер дома, почтовый индекс, город, Страна (в письмах за границу город и страна пишутся большими буквами)

Строчка ссылок состоит из указания на предыдущую переписку, номера или сокращения отдела или ведущего переписку (напр., Ваше письмо от...; Наше сообщение от... — дата).

Повод: приглашение на участие в выставке, переговорах и т. д., реклама, вызов представителя, запрос, предложение, рекламация и т. д.

Текст письма с обращением

Формула прощания и подпись: по поручению, по доверенности, перед подписью генерального доверенного.

Коммерческие данные фирмы — отправителя (обычно содер-

РАЗДЕЛ 10

жатся в шапке делового письма): подробный адрес (если не указан в шапке), номера факса, телекса, наименование банка корреспондента-отправителя, номера счетов и т. д.

Новые слова:

корреспонденция 函电；信函
реквизит 应填事项(项目), 要素
шапка〈专〉印在俄文信函左上角的发信人名称、地址、联系方式等
наименование 名称
факс 传真
телекс 电传
сектор 部门；部分
индекс (邮政)编码；代号
формула 公式, 形式

Словосочетания:

реквизит делового письма 公函应填事项
торговый знак фирмы 公司商标, 标识
тип отправления 邮寄类型
заказное отправление 挂号邮件
формула прощания 告别形式
коммерческие данные 商业资料(数据、信息)

Ⅱ. Письмо-запрос

Запрос — это коммерческий документ, представляющий собой обращение импортера к экспортеру с просьбой дать подробную информацию о товаре (услугах и т. д.) и (или) направить предложение на поставку товара.

Письмо-запрос может быть общим и специальным, когда запрашивают о конкретных товарах.

Структура письма-запроса:

1) Указание на источник адреса запрашиваемой фирмы.
2) Причина запроса.
3) Предмет запроса:
— описание желаемого товара

— указание на требуемое количество
— просьба выслать каталоги, прейскуранты, образцы, чертежи и т. д., а также условия поставки и оплаты
4) По возможности указания на рекомендации.

Текст письма-запроса

Обращаемся к Вам с просьбой выслать нам предложение на две линии металлорежущих станков с указанием цен и срока поставки. Вместе с предложением просим выслать необходимые каталоги, чертежи и указать род упаковки.

Новые слова:
импортер 进口商,输入者
экспортер 出口者,输出者
запрашивать [未],запросить[完]кого-что,о чем 询问,咨询
чертеж 图纸,图,平面图
рекомендация 介绍(信),推荐(信);方案
металлорежущий 金属切削(割)的

Словосочетания:
письмо-запрос 询价函
просьба дать подробную информацию 请求给出详细信息
направить предложение на поставку товара 发送供货报价
общее письмо-запрос 普通询价函
специальное письмо-запрос 专门询价函
предмет запроса 询问对象

Уважаемые господа!

Просим предложить без обязательства с нашей Стороны _____ (наименование товара) в количестве _____ с поставкой в сроки: _____.

Наши требования по качеству товара следующие: _____.

Одновременно просим Вас выслать нам образец товара.

РАЗДЕЛ 10

В ожидании Вашего предложения.

С уважением......

III. Письмо-предложение

Письмом-предложением поставщик отвечает на письмо-запрос. Отвечая на общий запрос, он благодарит за проявленный интерес и прилагает прейскурант, каталоги и условия типового договора.

Структура письма-предложения:
— причина письма-предложения
— ответы на вопросы
— дополнительные предложения
— надежда на заказ

Отвечая на вопросы, следует дать точное описание товара, по возможности сопроводить фотоматериалами, рисунками или образцами. При определении цены указываются возможности скидки. Отдельно решается вопрос расходов по упаковке и транспортных расходов, времени поставки и оплаты.

Текст письма-предложения

В ответ на Ваш запрос предлагаем Вам 30 тракторов марки... с поставкой в III квартале текущего года приблизительно равными месячными партиями.

Цена:... за один трактор. Цена понимается франко-вагон... Граница.

Все остальные условия указаны в прилагаемом образце контракта.

Настоящее предложение действительно лишь в том случае, если товар еще не будет продан до получения Вашего ответа.

Новые слова:

прилагать [未], приложить [完] что 附上,附加上
фотоматериал 摄影材料,照片资料
квартал 季度;街区
текущий 现在的,目前的

франко-вагон 车上交货价

Словосочетания:

письмо-предложение 报价函
благодарить за проявленный интерес 对表现出的兴趣表示感谢
структура письма-предложения 报价函的结构
точное описание товара 商品的准确描述
настоящее предложение 该报价

Уважаемые господа!

Мы благодарим Вас за запрос от _____ на поставку _____ (наименование товара).

В настоящее время мы рассматриваем вопрос возможности предоставления Вам предложения на интересующий Вас товар.

Наше решение мы сообщим Вам в ближайшее время.

С уважением _____

IV. Заключение договора

В практике существуют два пути совершения торговой сделки:

1) запрос — предложение — заказ + подтверждение заказа — поставка + оплата;

2) заключение договора при личном участии договаривающихся сторон; в этом случае договор содержит следующие пункты:

— место и время заключения договора
— имена сторон
— предмет договора
— цена и общая стоимость
— сроки поставки
— неустойка
— условия оплаты
— качество, вес товара
— упаковка и маркировка
— испытания и контроль
— гарантии
— страховка
— форс-мажор (обстоятельства непреодолимой силы)

РАЗДЕЛ 10

— арбитраж
— другие условия
— юридические адреса сторон
— подписи

Образец договора купли-продажи товара смотрите Приложение 12 (стр. 194)

❋ ❋ ❋ ❋

 Новые слова:

пункт 条(款),项;地点
неустойка 违约金,赔偿费
непреодолимый 不可抵抗的,无法克服的

 Словосочетания:

личное участие договаривающихся сторон 缔约双方亲自参加
предмет договора 合同项目,合同对象
срок поставки 交货期
условия оплаты 付款条件
вес товара 商品重量
юридические адреса сторон 双方的法定地址

V. Сопроводительные документы

К ним относятся:
— извещение о поставке
— накладные
— упаковочные листы
— предварительный счет
— железнодорожная накладная
— авианакладная
— морская накладная
— коносамент
— свидетельство о происхождении товара

Структура письма-извещения о поставке

1) Время, день поставки
2) Способ поставки
3) Указания на счет и оплату

4) Особые указания на частичную поставку или отклонения от заказа

Новые слова:

сопроводительный 〈公文〉附上的, 随同寄出的(常指函件), 附加文件
предварительный 预先的, 事先的
коносамент 提单
происхождение (商品)原产地; 起源
отклонение 拒绝

Словосочетания:

сопроводительные документы 随货单证(据)
упаковочные листы 装箱单
предварительный счёт 预开发票; 初步计算
железнодорожная накладная 铁路运单
авианакладная 空运运单
морская накладная 海运运单
свидетельство о происхождении товара 商品产地证明
отклонение от заказа 拒绝订货

VI. Подтверждение заказа

Этот вид делового письма также может быть написан на бланке или в свободной форме.

Структура письма-подтверждения заказа:

— благодарность за заказ
— заказ и условия повторяются или в случае необходимости дополняются
— ошибки исправляются
— сроки поставки

Уважаемые господа!

Настоящим письмом подтверждаем наше согласие на закупку у Вас _____(наименование товара) на следующих условиях:

Количество — ......
Цена — ......

РАЗДЕЛ 10

Условия поставки — ......

Качество — ......

Срок поставки — ......

Маркировка — ......

Условия платежа — ......

Арбитраж — ......

В ближайшее время мы вышлем Вам для подписания наш контракт.

С уважением ......

VII. Рекламация

Рекламация (претензия) — это коммерческий документ, представляющий собой предъявление претензии к стороне, которая нарушила обязательства, принятые на себя по контракту; рекламация содержит требование возмещения убытков.

Рекламация может быть предъявлена:

— в отношении качества товара (например, в случае его несоответствия качеству, указанному в контракте);

— в отношении количества товара (например, в случае его несоответствия тому количеству, которое указано в упаковочном листе или в других документах);

— в отношении сроков поставки;

— в отношении упаковки и маркировки (например, в случае ошибок в маркировке);

— в отношении платежа (например, в случае просрочки платежа);

— в отношении других условий контракта.

Все это дает повод к отправке рекламации. Но она должна быть отправлена своевременно.

Клиент имеет право:

— аннулировать договор

— требовать снижения цены

— требовать доработку или ремонт

— требовать обмен товара

— требовать скидку с общей стоимости партии товара

— требовать расторжения контракта и возмещения убытков в

связи с недовыполнением контракта.

Рекламация предъявляется в письменной форме. При этом прилагаются все документы, подтверждающие рекламацию.

Структура письма рекламации

Рекламация содержит следующие данные:

1) подтверждение получения и проверки товара;
2) основание для предъявления претензии (точное указание на недостатки);
3) доказательства: ссылки на нормативные акты и документы, например, на акт экспертизы, акт приемки, акт испытаний);
4) конкретные требования стороны, предъявляющей претензию.

В случае если рекламация не может быть урегулирована соглашением обеих сторон, то спор решается в судебном порядке (переходит в арбитраж).

Результатом обоснованной рекламации может быть.

— процентная скидка со стоимости товара;
— замена дефектного товара новым;
— допоставка недостающего товара;
— уплата денежного штрафа, пени или неустойки.

Образец письма-рекламации

Уважаемые господа!

Мы вынуждены обратить Ваше внимание на задержку в поставке станков по контракту № 16.

Согласно договору Вы должны были поставить нам в конце 3 квартала 2004 года 10 станков.

Несмотря на то, что срок поставки уже истекает, мы до сих пор не имеем от Вас никаких известий об отгрузке станков.

Мы вынуждены Вам напомнить, что в случае задержки поставки товара Вы должны будете уплатить соответствующую пеню за каждую неделю просрочки.

В ожидании Вашего незамедлительного ответа.

РАЗДЕЛ 10

 Новые слова:

претензия 索赔
возмещение 补偿, 赔偿
несоответствие чему 与……不相符合
просрочка 逾期, 过期
своевременно 及时地, 按时地
аннулировать [完, 未] 取消, 废除, 宣告无效
доработка 补工
расторжение 解除, 废除
экспертиза (专家)鉴定, 检验
обоснованный 有根据的, 理由充分的
дефектный 有毛病的, 残次的
❋ допоставка 补充供给
пеня 罚金, 罚款
задержка 拖延
❋ незамедлительный 立刻的, 刻不容缓的

Словосочетания:

❋ предъявление претензии к стороне 向对方提出索赔
нарушить обязательства 不履行义务
возмещение убытков 赔偿损失
несоответствие качеству 与质量不符
повод к отправке рекламации 提出索赔的理由
аннулировать договор 取消合同
требовать расторжения контракта 要求解除合同
акт экспертизы 鉴定证书
решаться в судебном порядке 通过诉讼程序解决
в случае задержки поставки товара 延误供货情况下

ПРИЛОЖЕНИЕ

ПРИЛОЖЕНИЕ

Приложение 1

Таможенная декларация
1.1 На русском языке

ТАМОЖЕННАЯ ДЕКЛАРАЦИЯ

* Заполняется каждым лицом, достигшим 16-летнего возраста.
* Нужный ответ помечается в соответствующей рамке знаком ☒
* Сохраняется на весь период временного въезда/выезда и предъявляется таможенным органам при возвращении. При утере не возобновляется.

☒ въезд ☐ выезд ☐ транзит

1. Сведения о лице:

Ли | Хуа |
фамилия | имя | отчество
Китай | Китай | серия G № 12776700
страна постоянного проживания | гражданство/подданство | паспорт

Китай | Россия
из какой страны прибыл (указывается страна отправления) | в какую страну следует (указывается страна назначения)

Со мною следуют несовершеннолетние дети ☐ Да ☒ Нет Количество ___

2. Сведения о наличии багажа:

2.1. Сопровождаемый багаж, включая ручную кладь ☒ Да ☐ Нет
Количество мест ___

2.2. Несопровождаемый багаж (по грузосопроводительным документам) ☐ Да ☒ Нет
Количество мест Два

3. Сведения о наличии товаров:

При мне и в моем багаже имеются товары, требующие обязательного декларирования и перемещение через границу которых производится по разрешительным документам соответствующих компетентных органов:

3.1. Национальная и иная наличная валюта, валютные ценности, изделия из драгоценных металлов и драгоценных камней в любом виде и состоянии ☒ Да ☐ Нет

Наименование валюты, ценностей или изделий	Сумма/Количество	
	Цифрами	Прописью
долл. США	6500	Шесть тысяч пятьсот

3.2. Оружие всякое, боеприпасы, взрывчатые вещества ☐ Да ☒ Нет

3.3. Наркотики и психотропные вещества ☐ Да ☒ Нет

3.4. Предметы старины и искусства ☐ Да ☒ Нет

3.5. Печатные издания и другие носители информации ☐ Да ☒ Нет

3.6. Ядовитые и сильнодействующие вещества и лекарства ☐ Да ☒ Нет

3.7. Радиоактивные материалы ☐ Да ☒ Нет

3.8. Объекты флоры и фауны, их части и полученная из них продукция ☐ Да ☒ Нет

3.9. Высокочастотные радиоэлектронные устройства и средства связи ☐ Да ☒ Нет

3.10. Товары, подлежащие обложению таможенными платежами ☐ Да ☒ Нет

3.11. Временно ввозимые (вывозимые) товары ☐ Да ☒ Нет

3.12. Транспортное средство ☐ Да ☒ Нет

* В целях таможенного контроля подробные сведения о товарах, указанных в п. п. 3. 2. -3. 12, при их наличии необходимо указать на оборотной стороне декларации в п. 4.

4. Сведения о товарах:

4. 1. Сведения о товарах, указанных в п. п. 3. 2 – 3. 11

№№ п/п	Наименование и другие отличительные признаки товара, номер и дата выдачи разрешительного документа и орган, его выдавший	Количество		Стоимость в национальной валюте или $ США
		Цифрами	Прописью	
		Общая стоимость (Итого):		

4. 2. Сведения о транспортном средстве

Вид, марка _____ Год выпуска _____ Объём двигателя (см^3) _____
Шасси № _____ Кузов № _____ Двигатель № _____
Таможенный режим: ввоз ☐   временный ввоз ☐   обратный вывоз ☐
                    вывоз ☐   временный вывоз ☐ обратный ввоз ☐

Мне известно, что сообщение в декларации недостоверных сведений влечет за собой ответственность в соответствии с действующим законодательством.

"_____" _____ 200 __ г.   Подпись лица _____

Для служебных отметок: _____

М. П.

1.2 На английском языке

CHINA CUSTOMS

INSTRUCTIONS
● IMPORTANT INFORMATION

1. All outgoing passengers, except those who are exempted from examination or control in accordance with relevant regulations and those under the age of 16 traveling with aduhs, shall complete truthfully declaration form in an appropriate language as provided by the Customs and submit it to the Customs officer at the declaration desk.
2. In the Customs control area where "Dual Channel" system is available, passengers who are taking any articles included in items 9 – 15 shall follow the "GOODS TO DECLARE" ("RED CHANNEL", marked "■"), while other passengers may choose to go through the "NOTHING TO DECLARE" ("GREEN CHANNEL", marked "●").
3. The value of articles included in item 9 shall be the value shown on the lawful commmericial invoices issued withing China's Customs territory.
4. Passengers, who are taking articles included in item 9, shall fill out two declaration forms, of which one will, after being endorsed by the Customs, be returned to such passengers for use at the time when such articles are brought back into China's Customs territory.
5. Faise declarations may result in penalties by the Customs.

● ARTICLES PROHIBITED FROM EXPORTATION IN ACCORDANCE WITH
THE LAW OF THE PEOPLESS REPUBLIC OF CHINA

1. Arms, imitation arms, ammunition and explosives of all kinds.
2. Counterfeit currencies and counterfeit negotiable securities.
3. Printed matter, films, photographs, gramophone records, cinematographic films, tapes (audio and video), compact discs (audio and video), storage media for computers and other articles which are detrimental to the political, economic, cultural and moral interests of China.
4. Deadly poison of all kinds.
5. Opium, morphine, heroin, marihuana and other addictive drugs and psychotropic substances.
6. Manuscripts, printed master, films, photographs, gramophone records, cinematographic films, tapes (audio and video), compact discs (audio and video), storage media for computers and other articles which involve state secrets.
7. Valuable cultural relics and other relics prohibited from exportation.
8. Endangered and precious rare animals and plants (including their specimens), and their seeds and reproducing materials.

CHINA CUSTOMS
BAGGAGE DECLARATION FORM FOR OUTGOING PASSENGERS

Please read the instructions on the reverse side and provide information or mark "√" in the space

1. **Surname**: L i
   Given Name: H u a
2. **Date of Birth**: 1 9 7 5 Year 0 5 Month 0 1 Day
3. **Sex**: ☐ Male ☑ Female
4. **No. of Traveler's Document**: G 1 2 7 7 6 7 0 0
5. **Nationality (Region)**: China ☑ (Hong Kong ☐ Macao ☐ Taiwan ☐)
   Other nationals:
6. **Purpose of the Trip**:
   ☑ Offcial ☑ Business ☑ Leisure ☑ Study
   ☑ Immigration ☐ Visiting Friends or Relatives ☐ Return Residents ☐ Others
7. **Flight No. / Vehicle No. / Vessel Name**:
8. **Number of persons under the age of 16 traveling with you**: No

I am (We are) taking out of China's Customs territory

9. trip necessities (camera, vidicon, laptop, etc.) valued each at over RMB 5,000, which will be brought back at the end of the trip. Yes ☐ No ☑
10. Chinese currency in cash exceeding RMB 20,000 or foreign currencies in cash exceeding USD 5,000 if converted into US dollar. Yes ☐ No ☑
11. gold, silver and other precious metals. Yes ☐ No ☑
12. cultural relics, endangered animals or plants and products thereof, biology species resources. Yes ☐ No ☑
13. radio transmitters, radio receivers, communication security equipments. Yes ☐ No ☑
14. other articles which are prohibited or restricted from being taken out of the territory in accordance with the law of the People's Republic of China. Yes ☐ No ☑
15. goods of commercial value, samples, advertisements. Yes ☐ No ☑

I HAVE READ THE INSTRUCTIONS ON THE REVERSE SIDE OF THIS FORM AND DECLARE THAT THE INFORANION GIVEN ON THIS FORM IS TRUS.

Passengers who are taking any articles included in items 9 ~ 14 shall fill out this form in detail

Description	Quantity	Value	Type/Model	Customs Remarks

PASSENGER'S SIGNATURE: Li Xya 2006 Year 3 Month 5 Date

1.3 **На китайском языке**

中华人民共和国海关

填表须知
一、重要提示：
1. 出境旅客应使用海关所提供申报单的语种如实填写申报单，并将填写完毕的申报单在海关申报台前向海关递交（按照规定享受免验礼遇和海关免予监管的人员以随同成人旅行的16周岁以下旅客除外）。
2. 在设置"双通道"的海关旅检现场，携带有本申报单9至15项下物品的旅客，应选择"申报通报"（又称"红色通道"，标识为"■"）通关，其他旅客可选择"无申报通道"（又称"绿色通道"，标识为"●"）通关。
3. 本申报单第9项所列物品价值以中国关境内法定商业发票所列价格为准。
4. 携带本申报单第9项所列物品时，旅客应填写两份申报单，海关验核签章后将其中一份申报单退还旅客凭以办理有关物品复带进境手续。
5. 不如实申报，海关将依法处理。

二、中华人民共和国禁止出境物品
1. 各种武器、仿真武器、弹药及爆炸物品；
2. 伪造的货币及伪造的有价证券；
3. 对中国政治、经济、文化、道德有害的印刷品、胶卷、照片、唱片、影片、录音带、录像带、激光唱盘、激光视盘、计算机存储介质及其它物品；
4. 各种烈性毒药；
5. 鸦片、吗啡、海洛因、大麻以及其它能使人成瘾的麻醉品、精神药物；
6. 内容涉及国家秘密的手稿、印刷品、胶卷、照片、唱片、影片、录音带、录像带、激光唱盘、激光视盘、计算机储存介质及其它物品；
7. 珍贵文物及其它禁止出境的文物；
8. 濒危的和珍贵的动、植物（均含标本）及其种子和繁殖材料。

中华人民共和国海关
出境旅客行李物品申报单

请先阅读背面的填表须知,然后在空格内填写文字信息或划√

1.姓名	拼音	L i
正楷	中文	H u a

2.出生日期　1975 年　05 月　01 日

3.性别　☐ 男　☑ 女

4.进出境证件号码　G 1 2 7 7 6 7 0 0

5.国籍(地区)　中国 ☑　(香港 ☐　澳门 ☐　台湾 ☐)　外国

6.出境事由　☑ 公务　☑ 商务　☑ 旅游　☑ 学习　☑ 定居　☐ 探亲访友　☐ 返回居住地　☐ 其他

7.航班号/车次/船名　　　8.同行未满16周岁人数　无

我们携带

	Yes	No
9. 需复带进境的单价超过5,000元的照相机、摄像机、手提电脑等旅行自用品	☐	☑
10. 超过20,000元人民币现钞,或超过折合5,000美元外币现钞	☐	☑
11. 金银等贵重金属	☐	☑
12. 文物、濒然动植物及其制品、生物物种资源	☐	☑
13. 无线电收发信机、通信保密机	☐	☑
14. 中华人民共和国禁止和其它限制出境的物品	☐	☑
15. 货物、货样、广告品	☐	☑

我已阅知本申报单背面所列事项,并保证所有申报属实。

携带有9-14项下物品的,请详细填写如下清单:

品名/币种	数量	金额	型号	海关批注
美元		6500		

PASSENGER'S SIGNATURE　李华　2006 年　3 月　5 日

Приложение 2

Личный листок
по учету кадров

- Фамилия _Петров_
  имя _Андрей_ отчество _Иванович_
- Пол _Мужчина_
- Год, число и месяц рождения _20. 07. 1978_
- Место рождения _Московская обл. , г. Ярославль_
  _{село, деревня. Город, район, область}

Место для фотокарточки

- Национальность _____
- Партийность _____
- Состоит ли членом ВЛКСМ, с какого времени и № билета _____
- Образование _высшее техническое_

Название учебного заведения и его местонахождение	Факультет или отделение	Год поступления	Год окончания или ухода	Если не окончил, то с какого курса ушел	Какую специальность получил в результате окончания учебного заведения, указать № диплома или удостоверения
г. Ярославль ул. Ленина, 42 государственный технический университет	информатика	2001	2006		1673412 программист

- Какими иностранными языками владеете _____
  китайский язык, английский язык
  _{читаете и переводите со словарем, читаете и можете объясняться, владеете свободно}
- Ученая степень, ученое звание _(Кандидат технических наук)_
- Какие имеете научные труды и изобретения _____
_____
_____
_____
_____
_____

12. Выполняемая работа с начала трудовой деятельности (включая учебы в высших и средних специальных учебных заведениях, военную службу, участие в партизанских отрядах и работу по совместительству)

При заполнении данного пункта учреждения, организации и предприятия необходимо именовать так, как они назывались в свое время, военную службу записывать с указанием должности

Месяц и год		Должность с указанием учреждения, организации, предприятия, а также министерства (ведомства)	Местонахождение учреждения, организации, предприятия
вступления	ухода		
09.2006	01.2007	ООО, Огонек, программист	г. Ярославль у. Пушкина, 15

13. Пребывание за границей
(работа, служебная командировка, поездка с делегацией)

Месяц и год		В какой стране	Цель пребывания за границей
с какого времени	по какое время		
05.2004	06.2004	КНР	стажировка

14. Участие в центральных, республиканских, краевых, областных, окружных, городских, районных партийных, и других выборных органах

Местонахождение выборного органа	Название выборного органа	В качестве кого выбран	Год	
			избрания	выбытия

15. Какие имеете правительственные награды _____
когда и кем награждены

_____
_____
_____

6. Имеете ли партвзыскания ___да, нет___ Когда, кем, за что и какое наложены взыскание _____
_____
_____

7. Отношение к воинской обязанности и воинское звание ___*военно необязанный*___
_____
Состав _____ Род войск _____
       командный, политический, административный, технический и т. д.

8. Семейное положение в момент заполнения личного листка ___*женат*___
   перечислить членов семьи с указанием возраста
   1 *отец   Иван   Сергеевич   Петров*
   2 *мать   Елена   Петровна   Петрова*
   3 *жена   Анна   Федровна   Петрова*
_____

9. Домашний адрес: ___*индекс 150040, Московская Обл., г. Ярославль, ул. Свердлова дом 25. кв. 01*___
« _18_ » ____*мая*_____ _1983_ г.

Личная подпись

Работник, заполняющий личный листок обязан о всех последующих изменениях (образовании, партийности, присуждения ученой степени. Ученого звания, награждения и снятия партийного взыскания и т. п.) сообщить по месту работы для внесения этих изменений в его личное дело.

Приложение 3

Систематизация функций, подлежащих использованию в создаваемой структуре (мебельное производство)

№ п/п	Функция	Должность для выполнении функции	Отдел	Подчинение
1	Изучение рынка для выявления возможных поставщиков	Маркетолог	снабжения	Зам. по коммерческой работе
2	Отбор из всех возможных наиболее подходящего поставщика	Маркетолог	снабжения	То же
3	Ведение переговоров с потенциально возможным поставщиком	Маркетолог	снабжения	То же
4	Подготовка и заключение договора поставки	Маркетолог	снабжения	То же
5	Контроль за исполнением договора поставки	Маркетолог	снавжения	То же
6	Транспортировка закупаемого сырья	Зав. складом № 1	снабжения	То же
7	Разгрузочные работы	2 грузчика	снабжения	То же
8	Складирование сырья	Зав. складом № 1	снабжения	То же
9	Контроль за сохранностью сырья	Зав. складом № 1	снабжения	То же
10	Транспортировка сырь со склада в производственный цех	2 грузчика	снабжения	То же
11	Распиловка пиломатериалов	станочник	Производственный цех	Зам. по производству
12	Производство заготовок	2 станочника	То же	То же
13	Сборка письменных столов	3 столяра-сборщика	То же	То же
14	Окраска столов	2 маляра	То же	То же

15	Контроль качества	Контролер (менеджер)	Дирекция	Генеральный директор
16	Транспортировка столов на склад готовой продукции	2 грузчика	снабжения	Зам. по коммерческой работе
17	Хранение готовой продукции	Зав. складом №2	сбыта	То же
18	Формирование товарных партий требуемых размеров	Менеджер по сбыту	сбыта	То же
19	Осуществление поставок товарных партий готовой продукции	То же	Сбыта	То же
20	Изучение рынка для выявления потенциально возможных потребителей	Маркетолог	сбыта	То же
21	Ведение переговоров и заключение договоров с потребителями	Маркетолог	сбыта	То же
22	Организация учета и расчетов с поставщиками и потребителями, а также с местными и государственными органами	2 бухгалтера	Бухгалтерия	Зам. по управлению финансами
23	Начисление заработной платы и организация ее выплат	2 бухгалтера и кассир	То же	То же
24	Управление финансами	То же	То же	То же
25	Обработка поступающей и исходящей корреспонденции	Зав. канцелярией	Административно-хозяйственный отдел	Генеральный директор
26	Подбор и переподготовка кадров	Менеджер по персоналу	То же	То же
27	Уборка помещений и территории	2 уборщицы, дворник	То же	То же
28	Охрана предприятия	4 сторожа	То же	То же
29	Поддержание в исправном состоянии коммуникаций	Сантехник, электрик, телефонист	То же	То же
30	Снабжение спецодеждой работников предприятия	Зав. складом № 1	снабжения	Зам. по коммерческой работе

Приложение 4

Вклады, которые предлагает Внешторбанк

«ВТБ 24-Доходный»

Процентные ставки по вкладу «ВТБ 24-Доходный» (в % годовых):

Минимальный первоначальный взнос	Срок привлечения денежных средств							Примечания
	1 мес. (31–90 дн.)	3 мес. (91–180 дн.)	6 мес. (181–270 дн.)	9 мес. (271–394 дн.)	1 год и 1 мес. (395–545 дн.)	1,5 года (546–731 дн.)	2 года (732–1101 дн.)	
Рубли								
от 10 000	4,35	5,35	7,85	8,65	9,50	9,75	10,00	• Вклад без пополнений; • Проценты по вкладу уплачиваются по окончании срока вклада; • Если вклад не будет востребован в установленный договором день возврата, договор вклада пролонгируется на тот же срок не более двух раз; • Можно открыть в системе «Телебанк».
от 100 001	5,00	6,00	8,50	9,25	10,00	10,25	10,50	
от 300 001	5,15	6,15	8,65	9,40	10,15	10,40	10,65	
от 1 000 001	5,25	6,25	8,75	9,50	10,20	10,50	10,75	
Доллары/Евро								
от 500	3,85	4,85	5,85	6,40	7,00	7,15	7,25	
от 10 001	4,25	5,25	6,25	6,75	7,25	7,35	7,50	
от 50 001	4,35	5,35	6,35	6,85	7,35	7,45	7,60	
от 100 001	4,50	5,50	6,50	7,00	7,50	7,60	7,75	

«ВТБ 24-Доходный-Банкомат»

Процентные ставки по вкладу «ВТБ 24-Доходный-Банкомат» (в % годовых):

Минимальный первоначальный взнос	Срок привлечения денежных средств			Примечания
	31 день	91 день	181 день	
Рубли				
От 5 000	4,50	5,50	8,00	• Вклад без пополнений; • Проценты по вкладу уплачиваются по окончании срока вклада; • В конце срока вклада сумма вклада с начисленными процентами перечисляется на счет банковской карты; • Прием денежных средств осуществляется через банкоматы Банка ВТБ 24 (закрытое акционерное общество).
Доллары/Евро				
От 200	4,00	5,00	6,00	

«ВТБ 24-Престиж (Плюс)»

Процентные ставки по вкладу «ВТБ 24-Престиж (Плюс)» (в % годовых):

Минимальный первоначальный взнос	Мин. доп. взнос	Срок привлечения денежных средств						Примечания
		31 день	61 день	91 день	181 день	271 день	370 дней	
Рубли								• Вклад пополняемый (в течение всего срока вклада);
15 млн-30 млн (вкл)	10 000	3,50	3,75	8,00	9,00	9,25	10,45	• Проценты по вкладу уплачиваются ежемесячно и по выбору вкладчика могут быть:
Св. 30 млн.		3,75	4,00	8,50	9,25	9,50	10,55	— присоединены к сумме вклада (капитализированы);
Доллары								
0,5 млн-1,1 млн (вкл)	500	3,50	3,75	7,00	7,25	7,50	7,65	— выплачены на текущий счет или счет банковской карты
Св. 1,1 млн		3,75	3,90	7,15	7,35	7,50	7,75	• Вклад без пролонгации;
Евро								• Платежная карта Visa Gold/MC Gold в подарок. Бесплатное абонентское обслуживание в системе «Телебанк» до 360 дней.
0,5 млн-1,1 млн (вкл)	500	3,50	3,75	7,00	7,25	7,50	7,65	
Св. 1,1 млн		3,75	3,90	7,15	7,35	7,50	7,75	

«ВТБ 24-Комфортный»

Процентные ставки по вкладу «ВТБ 24-Комфортный» (в % годовых):

Минимальный первоначальный взнос (неснижаемый остаток)	Мин. доп. взнос	Срок привлечения денежных средств			Примечания
		181 день	395 дней	732 дня	
Рубли					• Вклад с возможностью расходования денежных средств в пределах размера неснижаемого остатка установленного по вкладу;
от 50 000		6,90	8,40	8,90	• Вклад пополняемый со сроком внесения последнего дополнительного взноса не позднее 30 дней до окончания срока вклада;
от 100 001	3 000	7,40	8,90	9,40	• Проценты по вкладу уплачиваются ежемесячно и по выбору вкладчика могут быть:
от 500 001		7,55	9,05	9,55	— присоединены к сумме вклада (капитализированы);
от 1 000 001		7,65	9,15	9,65	— выплачены на текущий счет или счет банковской карты.
Доллары/Евро					• Если вклад не будет востребован в установленный договором день возврата, договор вклада пролонгируется на тот же срок не более двух раз;
от 3 000		5,65	6,65	6,90	
от 10 001	300	5,90	6,90	7,15	• Можно открыть в системе «Телебанк».
от 50 001		6,05	7,05	7,30	
от 500 001		6,15	7,15	7,40	

«ВТБ 24-Целевой»

Процентные ставки по вкладу «ВТБ 24-Целевой» (в % годовых):

Минимальный первоначальный взнос	Мин. доп. взнос	Срок привлечения денежных средств			Примечания
		181 день	395 дней	732 дня	
Рубли					• Вклад пополняемый со сроком внесения последнего дополнительного взноса не позднее 30 дней до окончания срока вклада; • Проценты по вкладу уплачиваются ежемесячно и по выбору вкладчика могут быть: — присоединены к сумме вклада (капитализированы); — выплачены на текущий счет или счет банковской карты. • Если вклад не будет востребован в установленный договором день возврата, договор вклада пролонгируется на тот же срок неограниченное количество раз; • Можно открыть в системе «Телебанк».
от 10 000	1 000	7,70	9,20	9,70	
от 100 001		8,20	9,70	10,20	
от 300 001		8,35	9,85	10,35	
от 1 000 001		8,45	9,95	10,45	
Доллары/Евро					
от 500	100	5,80	6,80	7,05	
от 10 001		6,05	7,05	7,30	
от 50 001		6,20	7,20	7,45	
от 100 001		6,30	7,30	7,55	

«ВТБ 24-Поддержка»

Процентные ставки по вкладу «ВТБ 24-Поддержка» (в % годовых):

Минимальный первоначальный взнос	Мин. доп. взнос	Срок привлечения денежных средств	Примечания
		732 дня	
Рубли			
от 3 000	1 000	10,75	• Вклад может быть открыт лицами гражданами РФ имеющими пенсионное удостоверение; • Вклад пополняемый со сроком внесения последнего дополнительного взноса не позднее 30 дней до окончания срока вклада; • Процены по вкладу уплачиваются ежемесячно и по выбору вкладчика могут быть: — присоединены к сумме вклада (капитализированы); — выплачены на текущий счет или счет банковской карты. • Если вклад не будет востребован в установленный договором день возврата, договор вклада пролонгируется на тот же срок не более двух раз;

Приложение 5

Сберегательный банк российской федерации
(Открытое акционерное общество)

Договор № ☐☐☐☐☐☐☐☐☐☐☐☐☐

О ВКЛАДЕ "_____-ДЕПОЗИТ СБЕРБАНКА РОССИИ"

г. _____   "____" _____ 200 ____ г.

АКЦИОНЕРНЫЙ КОММЕРЧЕСКИЙ СБЕРЕГАТЕЛЬНЫЙ БАНК РОССИЙСКОЙ ФЕДЕРАЦИИ (ОТКРЫТОЕ АКЦИОНЕРНОЕ ОБЩЕСТВО), именуемый в дальнейшем " БАНК ", с одной стороны и _____,
(фамилия, имя, отчество)
именуемый в дальнейшем "ВКЛАДЧИК", с другой стороны, заключили настоящий Договор о нижеследующем:

I. ПРЕДМЕТ ДОГОВОРА

1.1. ВКЛАДЧИК вносит во вклад наличными деньгами, безналичным путем (ненужное зачеркнуть), а БАНК принимает денежные средства в сумме _____
(цифрами)
_____
(вид валюты)   (прописью)
_____
(вид валюты)

1.2. Срок вклада: _____
Дата окончания срока вклада: _____
Дата возврата вклада: _____

1.3. Процентная ставка по данному виду вкладов на день подписания Договора при внесении вклада наличными деньгами, на день открытия счета по вкладу безналичным путем (ненужное зачеркнуть) составляет _____% годовых и не подлежит изменению в течение срока, установленного в п. 1.2 настоящего Договора.

II. ПРАВА И ОБЯЗАННОСТИ СТОРОН

2.1. БАНК обязуется:
начислять по вкладу доход в виде процентов;
хранить тайну вклада и предоставлять сведения по нему только в случаях, предусмотренных законом;

возвратить по первому требованию ВКЛАДЧИКА внесенные во вклад денежные средства вместе с процентами, начисленными в соответствии с условиями настоящего Договора.

2.2. БАНК вправе направлять на адрес электронной почты, указанный ВКЛАДЧИКОМ в настоящем Договоре, материалы рекламного и информационного характера о введении новых (изменении условий существующих) вкладов и услуг БАНКА.

2.3. В случае открытия счета по вкладу безналичным путем или третьим лицом в пользу ВКЛАДЧИКА, последний приобретает соответствующие права ВКЛАДЧИКА по настоящему Договору с даты открытия счета по вкладу.

2.4. ВКЛАДЧИК имеет право:

распоряжаться вкладом лично и через представителя;

независимо от времени, прошедшего со дня открытия счета, по первому требованию получить вклад вместе с процентами, начисленными в соответствии с условиями настоящего Договора;

завещать вклад любому лицу.

2.5. ВКЛАДЧИК обязан своевременно сообщать БАНКУ о всех изменениях реквизитов, указанных в разделе «ВКЛАДЧИК» настоящего Договора, с представлением документов, подтверждающих указанные изменения.

2.6. За совершение отдельных операций по вкладу БАНКОМ взимается плата в соответствии с Тарифами, действующими в БАНКЕ на день совершения операции.

ВКЛАДЧИК ознакомлен и согласен с Тарифами БАНКА, взимаемыми за совершение операций по вкладу на дату подписания настоящего Договора. БАНК вправе в одностороннем порядке изменять действующие Тарифы или устанавливать новые Тарифы. При изменении действующих Тарифов и/или установлении новых Тарифов БАНК обязуется известить об этом ВКЛАДЧИКА путем размещения информации в структурных подразделениях БАНКА, оказывающих данные услуги за 10 дней до изменения и/или введения новых Тарифов.

ВКЛАДЧИК согласен, что при совершении им операций по вкладу после изменения и/или введения новых тарифов плата за предоставляемые БАНКОМ услуги будет взиматься в размере установленном Тарифами действующими на день совершения операции.

2.7. Возврат вклада БАНКОМ обеспечивается в порядке, предусмотренном федеральными законами. ВКЛАДЧИК ознакомлен порядком обеспечения возврата вклада на момент подписания настоящего Договора.

2.8. В случае выдачи денежных средств ПРЕДСТАВИТЕЛЮ на основании доверенности, оформленной ВКЛАДЧИКОМ, ВКЛАДЧИК поручает, а БАНК принимает на себя обязательство осуществить выплату после проведения проверки правильности оформления доверенности в целях подтверждения полномочий ПРЕДСТАВИТЕЛЯ на получение сумм по вкладу. Провеска проводится не более чем 3 рабочих дня.

III. ОСОБЫЕ УСЛОВИЯ

3.1. Операции по вкладу совершаются в валюте вклада.

3.2. Дополнительные взносы во вклад не принимаются.

3.3. При исчислении процентов количество дней в году соответствует календарному. Проценты к сумме вклада причисляются по окончании срока вклада, установленного в п.1.2 настоящего Договора. Выплата дохода производится вместе с суммой вклада, при этом Договор прекращает свое действие и счет по вкладу закрывается. Доход за время хранения вклада исчисляется в соответствии с условиями настоящего Договора.

3.4. Если вклад вместе с причитающимися процентами не будет востребован ВКЛАДЧИКОМ в установленную в п.1.2 настоящего Договора дату возврата вклада, Договор считается пролонгированным на тот же срок. Течение очередного срока начинается со дня, следующего за датой окончания предыдущего срока.

Пролонгация производится на условиях и под процентную ставку, действующие в БАНКЕ по данному виду вкладов на день, следующий за датой окончания предыдущего срока. Проценты за очередной срок начисляются на сумму вклада вместе с доходом, исчисленным за предыдущий срок. В течение пролонгированного срока процентная ставка также не подлежит изменению.

Пролонгация Договора прекращается после принятия БАНКОМ решения о прекращении открытия новых счетов по данному виду вкладов. За время хранения вклада по истечении последнего пролонгированного срока доход исчисляется в порядке и размере, установленным БАНКОМ по вкладам до востребования.

3.5. В случае востребования ВКЛАДЧИКОМ суммы вклада до истечения основного или пролонгированного срока, доход за неполный срок исчисляется исходя из процентной ставки, установленной БАНКОМ по вкладам до востребования.

3.6. Если ВКЛАДЧИК желает получить часть вклада, Договор прекращает свое действие, и счет по вкладу закрывается. Доход за время хранения вклада выплачивается в соответствии с условиями настоящего Договора. На оставшуюся сумму по желанию ВКЛАДЧИКА открывается новый счет с заключением нового Договора.

3.7. Если в результате списания части вклада на основании решения суда или в иных случаях, предусмотренных законом, условия настоящего Договора будут нарушены. Договор не прекращает своего действия, но доход за время хранения вклада в течение неполного основного (пролонгированного) срока и в последующее время начисляется в порядке и размере, установленным БАНКОМ по вкладам до востребования.

3.8. Сообщения об изменении порядка обеспечения возврата вклада, об изменении процентных ставок и о прекращении открытия новых счетов по данному виду вкладов размещаются БАНКОМ на специальных стендах, расположенных в помещениях филиалов и структурных подразделений, осуществляющих операции по вкладам населения, а также в средствах массовой информации.

3.9. Операции по вкладу выполняются по предъявлении лицом, совершающим операцию, паспорта или документа, его заменяющего.

3.10. При выдаче наличными деньгами денежных средств поступивших безналичным путем, БАНК взимает плату согласно Тарифам путем ее удержания из суммы, подлежащей выплате.

3.11. Сумма налога на доходы физических лиц, подлежащего удержанию в соответствии с действующим законодательством Российской Федерации, списывается БАНКОМ со счета по вкладу.

IV. СРОК ДЕЙСТВИЯ ДОГОВОРА

4.1. Настоящий Договор вступает в силу со дня его подписания. При внесении денежных средств безналичным путем настоящий Договор вступает в силу со дня открытия счета по вкладу.

4.2. Действие Договора прекращается с выплатой ВКЛАДЧИКУ всей суммы вклада вместе с процентами, причитающимися в соответствии с условиями настоящего Договора, или списанием ее со счета по иным основаниям.

Настоящий Договор составлен и подписан в двух экземплярах, имеющих равную юридическую силу, по одному экземпляру для каждой из сторон.

ВКЛАДЧИК: _____

адрес регистрации _____

адрес фактического проживания (для почтовых отправлений) _____

_____

адрес электронной почты _____

вид документа, удостоверяющего личность, _____

серия _____ № _____ кем, где, когда выдан _____

_____

дата рождения _____ телефон _____

_____
(подпись)

БАНК: Филиал _____ структурное подразделение №_____

почтовый адрес _____

местонахождение _____

Руководитель структурного подразделения (контролер) _____
(ФИО)

_____
(подпись)

М. П.

Приложение 6

Ипотечное кредитование
Внешторгбанк

Внешторгбанк, филиал в г. Хабаровске, предлагает Вам воспользоваться новой услугой банка — **ипотечное кредитование** физических лиц

основные условия кредитования

Заемщиками могут быть	Дееспособные физические лица, резиденты РФ, имеющие постоянный источник дохода, имеющие постоянную или временную регистрацию в регионе предоставления кредита			
	Лица от 18 лет до достижения возраста мужчинами 60 лет, женщинами — 55 лет (на дату погашения кредита)			
Цель кредита	Приобретение квартиры (новой или на вторичном рынке) для собственного проживания			
Срок кредита		10, 15, 20 лет		
		10 лет	15 лет	20 лет
Размер % ставок	Рубли	15 – 19%	15 – 19%	15 – 19%
	Доллары США	10,5 – 13%	11 – 14%	11,5 – 15%

Размеры кредита	минимальный размер кредита	10 000 долларов США (или рублевый эквивалент) 75% стоимости приобретения (max 500 000 долл. США)
	максимальный размер кредита	определяется для каждого Заемщика исходя из его платежеспособности

Этапы получения ипотечного кредита

1. Обращение в Банк (консультирование, получение пакета документов)
2. Сбор необходимых для получения кредита документов
3. Получение от Банка подтверждения о выдаче кредита
4. Поиск квартиры и проведение ее оценки, проверка чистоты титула
5. Заключение кредитного договора и договора приобретения квартиры за счет кредитных средств
6. Регистрация перехода права собственности к заемщику и регистрация ипотеки
7. Фактическое предоставление кредита
8. Окончательные расчеты по договору приобретения квартиры за счет кредитных средств между заемщиком и продавцом квартиры

Виды обеспечения	залог приобретаемой недвижимости + поручительство супруга(и)
Документы, необходимые Банку для принятия решения	√ документы, подтверждающие личность Заемщика; √ документы, подтверждающие семейное положение Заемщика; √ документы, подтверждающие состояние здоровья Заемщика; √ документы, подтверждающие сведения о занятости и доходе Заемщика; √ информация об активах Заемщика; √ документы, подтверждающие кредитную историю Заемщика
Погашение кредита	Ежемесячно равными долями (основной долг + проценты) Допускается досрочное погашение кредита (не ранее 3 месяцев с момента выдачи)
Требования к недвижимости	Отсутствуют ограничения по выбору жилой недвижимости заемщиком при условии, что выбранное жилое помещение находится в состоянии, пригодном к проживанию. На квартиру должен быть составлен отчет об оценке квартиры в независимой оценочной компании, рекомендованной Банком. Услуги оценщика оплачиваются Заемщиком.
Требования к доходу	При расчете платежеспособности во внимание принимается совокупный доход семьи (официально подтвержденный). Минимальный размер дохода семьи — 600 ~ 800 долл. США
Страхование	Обязательное страхование жизни заемщика, поручителя и приобретаемой недвижимости
Комиссии банка	За кредитную экспертизу (уплачивается при приеме документов) 1 200 рублей За организацию ипотечной сделки (уплачивается при выдаче кредита) 3 000 рублей
Срок рассмотрения заявки	До 30 рабочих дней

Более подробную информацию Вы сможете получить в Центре ипотечного и потребительского кредитования Внешторгбанка по адресу: Ул. Муравьева-Амурского. 3 Телефон для справок: 30 – 67 – 39

Приложение 7

Грузовая таможенная декларация

Поле	Содержание
(ТД1)	41903122

1 ЭКЗЕМПЛЯР ДЛЯ ТАМОЖНИ

- 2. Отправитель №
- 3. Доб. лист
- 4. Отгр. спец.
- 5. Всего наим. т-ов
- 6. Кол-во мест
- 7. Справочный номер
- 1. ТИП ДЕКЛАРАЦИИ A
- 8. Получатель №
- 9. Лицо, ответственное за финансовое урегулирование №
- 10. Страна 1-го назнач.
- 11. Торг. страна
- 12. Общая таможенная стоимость
- 13.
- 14. Декларант №
- 15. Страна отправления
- 15а. Код страны отправл.
- 17а. Код страны назнач.
- 16. Страна происхождения
- 17. Страна назначения
- 18. Транспортное средство при отправлении
- 19. Конт.
- 20. Условия поставки
- 21. Транспортное средство на границе
- 22. Валюта и общая фактурная стоимость
- 23. Курс валюты
- 24. Характер сделки
- 25. Вид транспорта на границе
- 26. Вид транспорта внутри страны
- 27. Место погрузки-разгрузки
- 28. Финансовые и банковские сведения
- 29. Таможня на границе
- 30. Место досмотра товара
- 31. Грузовые места и описание товаров — Маркировка и количество — номера контейнеров — описание товаров
- 32. Товар №
- 33. Код товара
- 34. Код страны происх.
- 35. Вес брутто (кг)
- 36. Преференции
- 37. ПРОЦЕДУРА
- 38. Вес нетто (кг)
- 39. Квота
- 40. Общая декларация/предшествующий документ
- 41. Доп. единица измерения
- 42. Фактурная стоимость
- 43.
- 44. Дополнительная информация/представляемые документы
- 45. Таможенная стоимость
- 46. Статистическая стоимость
- 47. Исчисление таможенных пошлин и сборов: Вид | Основа начисления | Ставка | Сумма | СП
- 48. Отсрочка платежей
- 49. Наименование склада
- B. Подробности подсчета
- Всего:
- 50. Доверитель   подпись   с
- 51. Таможни и страны транзита   представленный место и дата
- 52. Гарантия не действительна для
- 53. Таможня и страна назначения
- Д. ТАМОЖЕННЫЙ КОНТРОЛЬ
- 54. Место и дата:

Грузовая таможенная декларация

(ТД1) 41903122

2	2. Отправитель №
Э К З Е М П Л Я Р Д Л Я С Т А Т И С Т И К И	8. Получатель №
	14. Декларант №
	18. Транспортное средство при отправлении — 19. Конт.
	21. Транспортное средство на границе
	25. Вид транспорта на границе — 26. Вид транспорта внутри страны — 27. Место погрузки-разгрузки
2	29. Таможня на границе — 30. Место досмотра товара

1. ТИП ДЕКЛАРАЦИИ A
3. Доб. лист | 4. Отгр. спец.
5. Всего наим. т-ов | 6. Кол-во мест | 7. Справочный номер
9. Лицо, ответственное за финансовое урегулирование №
10. Страна 1-го назнач. | 11. Торг. страна | 12. Общая таможенная стоимость | 13.
15. Страна отправления | 15а. Код страны отправл. | 17а. Код страны назнач.
16. Страна происхождения | 17. Страна назначения
20. Условия поставки
22. Валюта и общая фактурная стоимость | 23. Курс валюты | 24. Характер сделки
28. Финансовые и банковские сведения

3. Грузовые места и описание товаров	Маркировка и количество — номера контейнеров — описание товаров	32. Товар №	33. Код товара
		34. Код страны происх.	35. Вес брутто (кг)	36. Преференции
		37. ПРОЦЕДУРА	38. Вес нетто (кг)	39. Квота
		40. Общая декларация/предшествующий документ
		41. Доп. единица измерения	42. Фактурная стоимость	43.
4. Дополнительная информация/представляемые документы		45. Таможенная стоимость
		46. Статистическая стоимость

171

47. Исчисление таможенных пошлин и сборов	Вид	Основа начисления	Ставка	Сумма	СП	48. Отсрочка платежей	49. Наименование склада
						В. Подробности подсчета	
			Всего:				

50. Доверитель, подпись с

1. Таможни и страны транзита | представленный место и дата
2. Гарантия не действительна для | 53. Таможня и страна назначения
ТАМОЖЕННЫЙ КОНТРОЛЬ | 54. Место и дата:

Грузовая таможенная декларация

(ТД1) 41903122

№	Поле
3	ВОЗВРАТНЫЙ ЭКЗЕМПЛЯР

№ поля	Наименование
1	ТИП ДЕКЛАРАЦИИ A
2	Отправитель №
3	Доб. лист
4	Отгр. спец.
5	Всего наим. т-ов
6	Кол-во мест
7	Справочный номер
8	Получатель №
9	Лицо, ответственное за финансовое урегулирование №
10	Страна 1-го назнач.
11	Торг. страна
12	Общая таможенная стоимость
13	
14	Декларант №
15	Страна отправления
15a	Код страны отправл.
17a	Код страны назнач.
16	Страна происхождения
17	Страна назначения
18	Транспортное средство при отправлении
19	Конт.
20	Условия поставки
21	Транспортное средство на границе
22	Валюта и общая фактурная стоимость
23	Курс валюты
24	Характер сделки
25	Вид транспорта на границе
26	Вид транспорта внутри страны
27	Место погрузки-разгрузки
28	Финансовые и банковские сведения
29	Таможня на границе
30	Место досмотра товара
31	Грузовые места и описание товаров — Маркировка и количество — номера контейнеров — описание товаров
32	Товар №
33	Код товара
34	Код страны происх.
35	Вес брутто (кг)
36	Преференции
37	ПРОЦЕДУРА
38	Вес нетто (кг)
39	Квота
40	Общая декларация/предшествующий документ
41	Доп. единица измерения
42	Фактурная стоимость
43	
44	Дополнительная информация/представляемые документы
45	Таможенная стоимость
46	Статистическая стоимость
47	Исчисление таможенных пошлин и сборов — Вид, Основа начисления, Ставка, Сумма, СП
48	Отсрочка платежей
49	Наименование склада
B	Подробности подсчета
	Всего:
50	Доверитель подпись
C	
51	Таможни и страны транзита представленный место и дата
52	Гарантия не действительна для
53	Таможня и страна назначения
D	ТАМОЖЕННЫЙ КОНТРОЛЬ
54	Место и дата:

Грузовая таможенная декларация

(ТД1) 41903122

4	2. Отправитель No
Р Е Г И О Н А Л Ь Н Ы Й Э К З Е М П Л Я Р	No
	8. Получатель No
	No
	14. Декларант No
	No
	18. Транспортное средство при отправлении / 19. Конт.
	21. Транспортное средство на границе
	25. Вид транспорта на границе / 26. Вид транспорт внутри страны / 27. Место погрузки-разгрузки
4	29. Таможня на границе / 30. Место досмотра товара

1. ТИП ДЕКЛАРАЦИИ	A
3. Доб. лист	4. Отгр. спец.
5. Всего наим. т-ов	6. Кол-во мест	7. Справочный номер
9. Лицо, ответственное за финансовое урегулирование No
10. Страна 1-го назнач.	11. Торг. страна	12. Общая таможенная стоимость	13.
15. Страна отправления	15а. Код страны отправл.	17а. Код страны назнач.
16. Страна происхождения	17. Страна назначения
20. Условия поставки
22. Валюта и общая фактурная стоимость	23. Курс валюты	24. Характер сделки
28. Финансовые и банковские сведения

31. Грузовые места и описание товаров	Маркировка и количество — номера контейнеров — описание товаров	32. Товар No	33. Код товара
		34. Код страны происх.	35. Вес брутто (кг)	36. Преференции
		37. ПРОЦЕДУРА	38. Вес нетто (кг)	39. Квота
		40. Общая декларация/предшествующий документ
		41. Доп. единица измерения	42. Фактурная стоимость	43.
44. Дополнительная информация/представляемые документы		45. Таможенная стоимость
		46. Статистическая стоимость

47. Исчисление таможенных пошлин и сборов	Вид	Основа начисления	Ставка	Сумма	СП	48. Отсрочка платежей	49. Наименование склада
						В. Подробности подсчета	
			Всего:				

50. Доверитель	подпись	С
51. Таможни страны транзита	представленный место и дата	
52. Гарантия не действительна для		53. Таможня и страна назначения
D. ТАМОЖЕННЫЙ КОНТРОЛЬ		54. Место и дата:

173

Приложение 8

Договор поставки № _____

г. Хабаровск   "_____" _____ 200 __ г.

_____,
именуемое в дальнейшем "**Поставщик**", в лице _____, действующего на основании _____, с одной стороны, и
_____,
именуемое в дальнейшем "Покупатель", в лице _____, действующего на основании _____, с другой стороны, заключили настоящий договор о нижеследующем:

1. Предмет договора

1.1. Поставщик обязуется передать Покупателю в собственность в обусловленный настоящим договором срок товары в ассортименте и количестве, согласно отдельных заказов, а Покупатель обязуется принимать эти товары и оплачивать на условиях настоящего договора.

1.2. Настоящий договор определяет рамочные права и обязанности сторон.

Существенные условия поставок, не урегулированные настоящим договором, согласовываются сторонами для каждой партии товара, подлежащего поставке, путем составления отельного соглашения или спецификации, либо посредством обмена письмами, сообщениями по факсу и пр., которые (только после их подтверждения контрагентом, в том числе и действиями) автоматически становятся документами, определяющими базисные условия поставки и расчетные данные для применения мер ответственности для конкретной партии товара.

Партией товара стороны настоящего договора принимают как количественный объем товара, отгружаемый одновременно в одном или нескольких вагоне, контейнере, автотранспортном средстве и т. п., следующих совместно в адрес одного грузополучателя по одному сопроводительному транспортному документу.

1.3. При отсутствии (по каким-либо причинам) документального подтверждения предварительного согласования существенных условий поставки для конкретной партии товара, **фактическое принятие** Покупателем товара является **основанием** воз никновения обязательства Покупателя по оплате в соответствии с данными, указанными в сопроводительных транспортных документах или счете-фактуре, или иных документах, позволяющих определить качество и цену полученной Покупателем партии товара.

2. Порядок поставки товара

2.1. Поставщик предоставляет Покупателю информацию (прайс-листы и т. д.) об ассортименте и ценах товаров, в отношении которых появляется возможность поставки.

2.2. Конкретный ассортимент, количество и цены, в соответствии с которыми будет формироваться и поставляться каждая партия товаров, определяются и согласовываются сторонами после получения Поставщиком заявки Покупателя (в т. ч. и устной) на соответствующую поставку.

2.3. Заявка Покупателя на поставку конкретной партии товара должна содержать следующие данные:

■ наименование каждого вида товара
■ количество, ассортимент каждого вида товара, цену каждого товара за единицу
■ порядок расчетов
■ порядок и сроки поставки.

2.4. Подтверждением согласия Поставщика со всеми условиями, указанными в заказе, является выставление Поставщиком счета на оплату.

2.5. Поставка товара осуществляется самовывозом со склада Поставщика. По письменной заявке Покупателя Поставщик может произвести отгрузку товара в адрес Покупателя авто- или железнодорожным транспортом с отнесением транспортных расходов на Покупателя. Оплата транспортных расходов должна быть произведена не позднее 3 банковских дней с момента выставления счета Поставщиком.

2.6. Дата отгрузки определяется соглашением сторон.

2.7. Право собственности на товар переходит покупателю с даты его отгрузки.

2.8. Датой отгрузки товара (выполнения обязательств Поставщика по передаче, а Покупателя по приемке товаров) считается день:

■ его получения Покупателем со склада Поставщика по накладным;
■ его передача транспортному предприятию, ответственным за доставку товара, и выдача Поставщику товарно-транспортной накладной.

2.9. Продавец поставляет товар в невозвратной таре, обеспечивающей его сохранность. Стоимость тары включается в цену товара.

3. Права и обязанности сторон

3.1. Поставщик обязуется:

а) передать товар Покупателю в количестве, ассортименте, в порядке и сроки, установленными условиями настоящего договора и заявке;

б) уведомить Покупателя в разумные сроки о произведенной отгрузке;

в) уведомить Покупателя о невозможности исполнения заявки в разумный срок;

г) при некомплектной или некачественной поставке осуществляет допоставку (замену) товара, при его отсутствии-стоимость недостающего (некачественного) товара. Основанием является акт об установлении расхождений в качестве и количестве при приемке товара.

3.2. Покупатель обязан:

а) совершить все необходимые действия, обеспечивающие принятие поставленного товара;

б) осмотреть принятый товар, проверить его количество и качество;

в) оплатить товар в порядке и сроки, установленные настоящим договором;

г) оплачивать транспортные расходы по отправке заказанного товара только по реквизитам, указанных в письмах, телеграммах Поставщика.

4. Цена и порядок расчетов

4.1. Цена товара является договорной и может меняться по причине роста цен на сырье, энергоносители, упаковочные материалы, транспортные расходы и др.

4.2. Цена на товары устанавливается в прайс-листе Поставщика.

4.3. Товар оплачивается по ценам, действующим на момент оплаты товара Покупателем.

4.4. Оплата производится Покупателем в течение 10 (десяти) календарных дней с даты отгрузки товара путем перечисления денежных средств на расчетный счет Поставщика.

4.5. Обязательства Покупателя по оплате товаров считаются выполненными с момента зачисления денежных средств на расчетный счет Поставщика или внесения им сумм, указанной в счете на оплату товара, в кассу последнего.

4.6. По согласованию сторон предусматривается "целевой сбор" денежных средств для закупа товаров по заявке или по дополнительно возникшей потребности Покупателя. В этом случае срок поставки согласовывается сторонами дополнительно (факс, телеграмма, эл. почта и т.д.).

5. Количество и качество товара

5.1. Качество товара должно соответствовать действующим стандартам и техническим условиям, установленным действующим законодательством, и в необходимых случаях удостоверяются паспортами, сертификатами качества.

5.2. Приемка продукции по количеству производится Покупателем на складе Поставщика. При отгрузке товара Поставщиком по заявке Покупателя в случае, предусмотренном п. 2.5. договора — в течение одного рабочего дня.

5.3. Приемка товара по качеству производится Покупателем в течение пяти рабочих дней с момента поступления продукции на склад Покупателя.

5.4. Порядок приемки-сдачи товаров по количеству и качеству регламентируется Инструкцией о порядке приемки продукции производственно-технического назначения и товаров народного потребления по количеству (П-6), утвержденной постановлением Госарбитража при Совмине СССР от 16.06.65 г. с изменениями и дополнениями, а также Инструкцией о порядке приемки продукции производственно-технического назначения и товаров народного потребления по качеству (П-7), утвержденной постановлением Госарбитража СССР от 25.06.66 г. с изменениями и дополнениями.

5.5. При обнаружении несоответствия качества и количества данным на товар, указанным в сопроводительных документах, вызов уполномоченного представителя Поставщика для участия в приемке товара является обязательным.

6. Ответственность Сторон

6.1. В случае неисполнения или ненадлежащего исполнения обязательств, сторона, нарушившая условия настоящего договора несет ответственность, предусмотренную действующим ГК РФ.

6.2. За нарушение сроков перечисления денежных сумм за товар Покупатель выплачивает пеню в размере 0,2% от не перечисленной за каждый день просрочки.

6.3. Стороны освобождаются за частичное или полное неисполнение своих обязательств по настоящему договору, если это неисполнение вызвано действием обстоятельств непреодолимой силы, которые стороны не могли ни предвидеть, ни предусмотреть в момент подписания настоящего договора.

7. Порядок рассмотрения споров

7.1. Споры и разногласия, которые могут возникнуть при исполнении настоящего договора, рассматриваются в претензионном порядке в течение 15 (пятнадцати) дней с момента предъявления претензии.

7.2. В случае невозможности разрешения споров путем переговоров, все споры и разногласия подлежат рассмотрению в Арбитражном суде Хабаровского края с соблюдением претензионного порядка разрешения споров.

8. Прочие условия

8.1. Настоящий договор вступает в силу с момента его подписания сторонами и действует до 31 декабря 2003 года, а в части исполнения обязательств — до полного исполнения.

8.2. Во всем ином, не предусмотренном условиями настоящего договора, стороны руководствуются действующим законодательством. Все изменения и дополнения к настоящему договору должны быть составлены в письменной форме и подписаны Сторонами.

8.3. Передача прав по настоящему договору третьим лицам возможна с письменного согласия другой стороны.

8.4. Основания расторжения и прекращения настоящего договора определяются в соответствии с действующим законодательством.

8.5. Настоящий договор составлен в 2 экземплярах — по одному экземпляру у каждой Стороны.

9. Адреса и банковские реквизиты сторон

Поставщик: _____

Адрес: _____

р/с _____, *кор/сч* _____

в _____

ОКПО _____, *БИК* _____,

ИНН: _____, *тел/факс:* _____

_____ _____

Покупатель: _____

Адрес: _____

р/с _____, кор/сч _____
в _____
ОКПО _____, БИК _____,
ИНН: _____, тел/факс: _____
_____ _____ _____

Приложение 9

Контракт № _____

«_____»_____ 200 __ года   г. Хабаровск

_____, КНР, именуемое в дальнейшем «Продавец», в лице _____, действующий на основании _____, с одной стороны, и Открытое акционерное общество _____, именуемое в дальнейшем «Покупатель», в лице генерального директора _____, действующий на основании Устава, с другой стороны, совместно именуемые «Стороны», заключили настоящий контракт о нижеследующем:

1. ПРЕДМЕТ КОНТРАКТА

1.1. Продавец поставил, а Покупатель принял «Товар» — _____, в ассортименте и количестве, указанные в Приложении к настоящему Контракту, которое является его неотъемлемой частью.

2. КАЧЕСТВО ТОВАРА

2.1. Качество Товара определяется _____ (ГОСТ, спецификация, сертификат)

3. СУММА КОНТРАКТА, СРОКИ И УСЛОВИЯ ПОСТАВКИ

3.1. Цена Товара устанавливается в долларах США на условиях СРТ аэропорт г. Хабаровска (ИНКОТЕРМС-2000). Общая сумма Контракта составляет _____ долларов США. Изменение суммы Контракта в одностороннем порядке не допускается.

3.2. Товар должен быть поставлен Продавцом не позднее _____ года.

3.3. Датой поставки Товара считается дата, указанная на штемпеле товарно-транспортной накладной в пункте назначения.

4. ПРАВА И ОБЯЗАННОСТИ СТОРОН

4.1. Продавец обязан:
— поставить Товар Покупателю на условиях и в сроки, установленные настоящим Контрактом, а также передать документы на Товар, предусмотренные п. 5.3. Контракта;
— обеспечить за свой счет упаковку и маркировку Товара в соответствии с требованиями, предъявляемыми для его хранения и транспортировки;
— получить на свой риск и за свой счет все необходимые разрешения для экспорта Товара, а также выполнить все необходимые формальности, в т. ч. таможенные, необходимые для его вывоза;
— заключить за свой счет договор перевозки Товара до установленного Контрактом пункта назначения;
— известить Покупателя в срок не позднее _____ о произведенной отгрузке и направить копию товарно-транспортной накладной по факсу;
— нести все риски утраты или повреждения Товара до момента его поставки в пункт назначения.

4.2. Покупатель обязан:
— уплатить предусмотренную Контрактом стоимость Товара;
— получить на свой риск и за свой счет все необходимые разрешения для импорта Товара, а также выполнить таможенные формальности для его ввоза;
— принять товар от грузоперевозчика в согласованном пункте назначения;
— своевременно уведомить Продавца о недопоставке или поставке некачественного Товара;
— нести все риски, связанные с утерей или повреждением товара после его получения по товарно-транспортной накладной от грузоперевозчика в пункте назначения.

5. СДАЧА И ПРИЕМКА ТОВАРА. ПОРЯДОК ОТГРУЗКИ

5.1. Приемка Товара по качеству и по количеству производится после поступления его на товарный склад последнего Покупателя. По результатам приемки стороны подписывают акт приема-передачи Товара.

5.2. В случае обнаружения Покупателем фактов недопоставки или поставки некачественного Товара (в т. ч. несоответствующего требованиям настоящего Контракта), последний обязан в срок не позднее 3 дней с момента обнаружения письменно уведомить об этом Продавца. Документом, подтверждающим недостачу или поставку некачественного товара, является акт, составленный комиссионно представителями Покупателя и подписанный всеми участниками, проводившим инспекцию. Направленная Покупателем претензия должна быть рассмотрена Продавцом в течение 3 дней с момента получения. В случае неполучения Покупателем письменного ответа от Продавца в указанный срок, претензия считается принятой.

При подтверждении факта недопоставки Товара или поставки некачественного Товара, Продавец обязан в течение _____ дней с момента получения уведомления допоставить Товар или заменить некачественный Товар с отнесением всех расходов на его счет.

5.3. С партией Товара Продавец направляет Покупателю следующие документы: коммерческий инвойс, упаковочный лист, _____.

6. УСЛОВИЯ ПЛАТЕЖА

6.1. Порядок оплаты — 100% предоплата суммы, указанной в п. 3.1. Контракта. Оплата Товара осуществляется банковским телеграфным переводом в долларах США в течение _____ дней с момента заключения настоящего Контракта, если другие условия оплаты за поставленный Товар не оговорены дополнением к настоящему Контракту. Перевод денежных средств производится на банковский счет, указанный в п. 10 Контракта.

7. ОТВЕТСТВЕННОСТЬ СТОРОН, АРБИТРАЖ

7.1. В случае нарушения Продавцом срока поставки Товара, предусмотренного п. 3.2. Контракта, Продавец уплачивает пеню в размере 0,1% за каждый день просрочки.

7.2. В случае нарушения Продавцом условий настоящего Контракта Покупатель вправе требовать от Продавца возмещения всех убытков, в том числе суммы штрафных санкций, которые будут наложены на Покупателя компетентными органами Российской Федерации, связанные с нарушением валютного законодательства РФ.

7.3. Продавец и Покупатель примут все меры к решению спорных вопросов и разногласий, которые могут возникнуть при выполнении условий настоящего Контракта и/или в связи с ним, дружественным путем.

7.4. Претензионный порядок рассмотрения споров обязателен для обеих сторон. В случае, если стороны не смогут прийти к соглашению таким путем, все споры и разногласия подлежат разрешению в Арбитражном суде Хабаровского края с применением российского права. Решение Арбитражного суда будет являться окончательным и обязательным для обеих Сторон.

8. ФОРС-МАЖОР

8.1. При наступлении обстоятельств невозможности полного или частичного исполнения любой из Сторон обязательств по настоящему Контракту, а именно: пожара, стихийных бедствий, войны, военных операций любого характера, блокады, забастовки, запрещения правительством одной из сторон импорта, экспорта — срок исполнения обязательства отодвигается соразмерно времени, в течение которого будут действовать такие обстоятельства.

Если эти обстоятельства будут продолжаться более 15 дней, каждая из Сторон имеет право отказаться от дальнейшего исполнения обязательств по Контракту, и в этом случае ни одна из Сторон не будет иметь права на возмещение другой стороной возможных убытков.

8.2. Сторона, для которой создалась невозможность исполнения обязательств по Контракту, должна немедленно известить другую Сторону о наступлении и прекращении таких обстоятельств.

Надлежащим доказательством наличия таких обстоятельств и их продолжительности будут служить справки, выданные соответственно Торгово-промышленной палатой страны Продавца или Покупателя.

9. ПРОЧИЕ УСЛОВИЯ

9.1. После подписания настоящего Контракта все предшествующие протоколы, переговоры и переписка по нему между сторонами считаются утратившими силу.

9.2. Всякие изменения и дополнения к Контракту считаются действительными только в случае, если они совершены в письменной форме и подписаны сторонами в виде Приложений и Дополнений к настоящему Контракту.

9.3. Ни одна из сторон не может передавать свои права и обязанности, вытекающие из условий Контракта или в связи с ним, третьим лицам без письменного на то согласия другой стороны.

9.4. Все сообщения, заявления и претензии, связанные с исполнением настоящего Контракта или вытекающие из него, направляются сторонами непосредственно друг другу по указанным в Контракте адресам. При этом документы направленные факсимильной, электронной связью, принимаются, с последующей досылкой оригиналов в срок не позднее 20 дней. В случае изменения юридических, банковских, почтовых или отгрузочных реквизитов у какой-либо из сторон, то последняя обязана уведомить другую сторону об этом в течение пяти дней с момента изменения. В противном случае убытки, связанные с изменением каких-либо реквизитов, несет виновная сторона.

9.5. Все расходы и сборы, включая таможенные сборы и пошлины, а также сборы по заключению и использованию настоящего Контракта, взимаемые на территории Продавца, относятся на счет Продавца, а взимаемые на территории Покупателя — на счет Покупателя.

9.6. Во всем ином, не предусмотренном условиями настоящего Контракта, стороны руководствуются Международными правилами «ИНКОТЕРМС-2000», Конвенцией ООН «О договорах международной купли-продажи товаров», 1980 г.

9.7. Настоящий Контракт подписан в двух экземплярах на русском и китайском языках, причем все экземпляры идентичны и имеют одинаковую юридическую силу.

9.8. Настоящий контракт вступает в силу с момента подписания сторонами и действует до _____.

10. ЮРИДИЧЕСКИЕ АДРЕСА СТОРОН

Продавец: **Покупатель:**

Приложение 10

合 同

Контракт
на китайском и русском языках

签约时间（дата подписания）：　　　　　　合同号（номер контракта）：
　　　　　　　　　　　　　　　　　　　　签约地点（место подписания）：

买　方：_____　电话　Телефон：
Покупатель：_____　传真　Телефакс：
地　址：_____　电传　Телекс：
Адрес：_____　电报　Телетайп：

卖　方：_____　电话　Телефон：
Продавец：_____　传真　Телефакс：
地　址：_____　电传　Телекс：
Адрес：_____　电报　Телетайп：

兹经买卖双方同意成交下列商品订立合同条款如下：
Покупатель и продавец согласились совершить сделку в отношении нижеуказанных товаров и заключили контракт о нижеследующем：

1、货号 Код товара	2、品名 Наименование товара	3、品质及规格 Качество и характеристики	4、单位 Ед. изм.	5、单价 Цена за ед.	6、数量 Кол—во	7、金额 Сумма (USD)

8、合同总值：_____。ОБЩАЯ СУММА КОНТРАКТА СОСТАВЛЯЕТ：_____。

9、交货条件：_____〔**DAF**、**CIF**、**FOB**……〕。除非另有规定，以上交货条件依照国际商会制定的《国际贸易术语解释通则》办理。以上货物数量允许卖方有权_____%溢短装。
УСЛОВИЕ СДАЧИ-ПРИЁМКИ ТОВАРОВ_____〔**DAF**、**CIF**、**FOB**……〕. Если контрактом не предусмотрено иное, то вышеуказанные условия сдачи-приемки товаров действуют в соответствии с "Коммерческими условиями сделок во внешней торговле рекомендованными международной то-

рговой палатой и правилами их толкования" «ИНКОТЕРМЗ». Продавцу представляется право уменьшать и увеличивать количество поставляемых товаров на _____ %.

10、原产地国别：_____。СТРАНА ПРОИСХОЖДЕНИЯ ТОВАРА：_____．

11、包装：_____。УПАКОВКА：_____．

12、装运期：_____。СРОК ПОСТАВКИ：_____．

13、装运口岸和目的地：_____。ПУНКТ ПОГРАНПЕРЕХОДА И МЕСТО НАЗНАЧЕНИЯ：_____．

14、保险：_____。СТРАХОВАНИЕ：_____．

15、支付条款：本合同采用_____[A:信用证 L/C。B:即期付款交单 D/P、承兑交单 D/A、托收。C:汇付、信汇 M/T、电汇 T/T。D:易货贸易]方式结算。

УСЛОВИЯ ПЛАТЕЖА： расчеты по настоящему контракту производятся в форме _____ [А:аккредитива (L/C). Б:инкассо с немедленной оплатой против предоставления документов (D/P)/инкассо с акцептом по предъявлению (D/A). В: банковского перевода/почтового перевода (М/Т)/телеграфного перевода (Т/Т). Г: бартерного обмена].

А：(1)买方应在装运期前_____日通过开证行开出以卖方为受益人的_____[不可撤消的、跟单的、(不)保兑的、即期的、可转让的、循环的、对开的、(不)允许分期装运的]信用证。信用证应在装货完毕后_____日内在受益人所在地到期。

А：(1) Покупатель обязан за _____ дней до срока отгрузки открыть в пользу продавца _____ [безотзывный / документальный / (не) подтвержденный/предъявительский/трансфертный/револьверный/взаимный и (не) распределенный по срокам отгрузки] аккредитив со сроком действия в течение _____ дней после погрузки товара по месту нахождения бенефициара.

(2)通知银行收到买方开具的、不可撤消的信用证时,卖方必须委托通知行开出_____%信用证金额的保证金给开证行。合同货物装运和交货后,保证金将原数退给卖方,若出于本合同规定第 19 条外的任何原因,发生无法按时全部或部分交货,保证金将按本合同第 17 条规定作为罚金支付给买方。

(2) После того, как банк уведомляющий об открытии аккредитива, получил безотзывный аккредитив, открытый Покупателем, Продавец должен поручить ему перевести банку, открывшему аккредитив, гарантийный фонд в размере _____% от суммы аккредитива. Гарантийный фонд в полном размере возвращается Продавцу после отгрузки и сдачи-приёмки товаров, указанных в контракте, если по любой — либо причине, не предусмотренной в статье 19 настоящего контракта невозможно по срокам передать товары полностью или частично — в таком случае гарантийный фонд согласно статье 17 настоящего контракта выплачивается в качестве неустойки Покупателю.

В：货物发运后卖方出具以买方为付款人的_____[付款跟单汇票,按即期付款交单方式 D/P、承兑跟单汇票,汇票期限为( )后( ),按即期承兑交单(D/A 日)方式经买方承兑后]通过卖方银行及_____银行,向买方转交单证_____.[换取货物、买方按汇票期限到期支付货款]。

Б： После отгрузки товаров продавец обязан выставить _____ [документированную тратту / акцептованную документированную тратту со сроком оплаты в течени

_____ дней после _____], с указанием Покупателя в качестве плательщика
_____[по форме инкассо с немедленной выпла-
той против передаваемых документов / по форме инкассо с траттой по предъявлению（D/A,d/a
через _____ дней после акцепта）], после акцептования тратты покупателем через банк Продавца в
адрес _____ банка для Покупателя пересылаются документы,
_____[производится товарообмен / Покупатель обязан
в установленный срок произвести оплату тратты].

С:买方在受到卖方依本合同第16条规定提交的单证后 _____ 日内以 _____
[电汇, 信汇] 方式支付货款。

В:В течение _____ дней с моменты получения документов от Продавца в соответствии
со статьей 16 настоящего контракта, Покупатель обязан произвести оплату товара в форме
_____[телеграфного/почтового] перевода.

D:自货物至指定边境站点由卖方置于买方控制下时，即认为卖方已交货，货物的所有权及偶然性
损失或品质损坏的风险由卖方转移到买方。买方应 _____[同、后、前]期于卖方 _____ 天交货，并
以记名提单为结算依据。

Г:Груз считается переданным с момента его поступления на указанную пограничную станцию
и поступления в распоряжение Покупателя. Право собственности на груз, ответственность за слу-
чайные убытки и снижение качества переходит от Продавца к Покупателю. Покупатель должен
поставить товар _____[одновременно с Продавцом/ рань-
ше, чем Продавец на _____ дней/позднее, чем Продавец на _____ дней]. Именные коноса-
менты являются основанием для взаиморасчётов.

16、卖方应提交以下单证：

При производстве оплаты Продавец предоставляет следующие документы：

（1）全套清洁空白抬头、空白背书注明运费 _____[已付、到付]的提货单 _____ 份；По-
лно-чистый коносамент с бланковой передаточной надписью на предъявителя, на котором фиксируется доставка _____[оплачена (до…)]' в _____ экз.；

（2）经签字的商业发票 _____ 份；Подписанный коммерческий счет в _____ экз.；

（3）原产地证明书 _____ 份；Свидетельство происхождения товара в _____ экз.；

（4）装箱单 _____ 份；Упаковочный лист в _____ экз.；

（5）质量、重量检验证明 _____ 份；Инспекторское свидетельство о качестве и весе в _____
экз.；

（6）CIF条件下的 _____[保险单、保险凭证] _____ 份。Страховой _____[полис/
сертификат] в _____ экз.（при условии CIF）

17、罚则：除由本合同第19条原因外，如超出本合同规定期限延误或无法交货、愈期或未能付款，违
约方须向另一方支付罚金。每日罚金按延误或无法交货、愈期或未能付款金额的 _____ %计算。但
罚金总额不得超过违约金额的 _____ %。若违约方已先期支付保证金，则保证金作为罚金按数量比
例予以罚扣直至没收支付给对方。

ШТРАФНЫЕ САНКЦИИ：За исключением обстоятельств, указанных в статье 19 настоящего
контракта, в случае просрочки, невозможности в поставках или платежах по контракту, нарушитель договора выплачивает другой стороне неустойку в размере _____ % от суммы непоставленных товаров или платежей за каждый день просрочки, но не более _____ % общей суммы поставки или неплатежей. Сумма, выплаченная нарушителем договора в качестве гарантийного фон-

да, поступает пропорционально в счет выплаты неустойки и подлежит передаче другой стороне.

18、索赔:自货物到达目的地起＿＿＿＿＿天内,如发现货物质量、规格、数量、重量、包装、卫生条件与合同规定不符者,除应由保险公司和承运人承担的责任外,买方可凭＿＿＿＿＿＿＿＿＿＿＿＿＿＿＿＿＿＿＿＿出具的商检证书,有权要求卖方更换和索赔。

РЕКЛАМАЦИИ: В случае несоответствия веса товара, его размеров, качества, количества, вида упаковки и санитарных норм условиям настоящего контракта страховая компания или перевозчик несут свою ответственность и в течение ＿＿＿＿＿ дней с момента поступления груза на место назначения Покупатель имеет право на предъявление к Продавцу претензию и требование замены груза на основании свидетельства торговой экспертизы выдаваемого ＿＿＿＿＿.

19、不可抗力:若发生不可抗力事件(如:战争、内乱、封锁、地震、火灾、水灾等)以及任何双方不能预见并且对其发生后果不能防止或避免的意外事故妨碍或干扰了本合同的履行时,发生不可抗力方须在事件发生结束之日起＿＿＿＿＿日内将本国有关机构出据的不可抗力事件的证明寄交对方,据此证明豁免责任,并由双方协商终止或继续履行合同事宜。

ФОРС-МАЖОР: При возникновении независящих от воли человека форс-мажорных обстоятельств (война, массовые беспорядки, блокада, землетрясение, пожар, наводнение и т. п.), оказывающих влияние на выполнение контракта, что невозможно предвидеть или избежать, сторона, на чьей территории это произошло, обязана в течение ＿＿＿＿＿ дней с момента прекращения форс-мажора направить другой стороне выданный соответствующими органами документ, который подтверждает факт форс-мажорных обстоятельств. На основании представленного документа заинтересованная сторона освобождается от ответственности за последствия форс-мажорных обстоятельств и решается вопрос о продлении срока действия или закрытии контракта.

20、仲裁:由于本合同而产生的及与本合同有关的包括对本合同的履行、违约、终止或失效在内的一切争议、异议或请求,均应通过仲裁予以解决,但应由国家法院管辖的除外。仲裁在申请人所在国进行,在中国仲裁由北京的中国国际商会/中国国际贸易促进委员会内设的中国国际经济贸易仲裁委员会根据该会的仲裁规则进行;在俄罗斯仲裁由莫斯科俄罗斯工商会内设的国际商事仲裁院根据该院的仲裁规则进行。仲裁裁决是终局的,对双方都有约束力,仲裁费用由败诉方承担。

АРБИТРАЖ: Все споры, разногласия или требования, возникающие из настоящего контракта или в связи с ним, в том числе касающиеся его исполнения, нарушения, прекращения или недействительности, подлежат, с исключением подсудности государственным судам, передаче на рассмотрение арбитража. Арбитраж производится в стране истца, на территории КНР арбитражное разбирательство будет осуществляться в Китайской международной экономической и торговой арбитражной комиссии при Китайской палате международной торговли / Китайском комитете содействия развитию международной торговли в Пекине в соответствии с Правилами о производстве в этой Комиссии, а на территории России будет в международном коммерческом арбитражном суде при Торгово-промышленной палате Российской федерации в Москве в соответствии с Регламентом этого Арбитражного суда. Решение арбитража будет окончательным и обязательным для обеих сторон судебные издержки за счёт виноватой стороны.

21、合同的执行单位:本合同中方由＿＿＿＿＿＿＿＿＿＿＿＿＿＿为＿＿＿＿＿＿[收、发]货人,俄方由＿＿＿＿＿＿＿＿＿＿＿＿＿＿＿＿为＿＿＿＿＿＿[收、发]货人,双方各自承担相应的履行合同责任。

ИСПОЛНИТЕЛИ НАСТОЯЩЕГО КОНТРАКТА: С китайской стороны:

.... назначен .... [грузополучатель/грузоотправитель], С Российской стороны: назначен .... [грузополучатель/грузоотправитель]. Каждая сторона из обеих берет на себя соответствующую ответственность за исполнение контракта.

22、其它:本合同未尽事宜,按中国与前苏联1990年3月13日《交货共同条件》办理。本合同的附件为本合同不可分割的组成部分。本合同用中、俄文书就双方代表签字后生效,一式两份,双方各执一份,具有同等效力。

ПРОЧИЕ УСЛОВИЯ:По вопросам, не предусмотренным настоящим контрактом, стороны руководствуются "Общими условиями поставок товаров из Союза ССР в китайскую Народную Республику и из Китайской Народной Республики в Союз ССР" от 13 марта 1990 года. Приложения к настоящему контракту являются неотъемлемой составной его частью. Настоящий контракт составлен на русском и китайском языках в двух экземплярах, вступает в силу после подписания представителями обеих сторон. По одному экземпляру у каждой стороны. Оба экземпляра имеют одинаковую силу.

买方签字: 卖方签字:

Покупатель(подпись)   Продавец(подпись)

Приложение 11

Договор на поставку товаров для экспорта

г. _____   "_____" _____ 20 ___ г.

_____ (наименование объединения предприятия, организации), в дальнейшем именуемое Предприятие, в лице _____ тов. _____, действующего на основании _____ и (наименование внешнеэкономической организации), именуемое в дальнейшем Внешнеэкономическая организация, в лице _____ тов. _____, действующего на основании _____ во исполнение _____ (основание заключения договора-государственный заказ, лимиты на поставку товаров для экспорта, соглашение сторон) заключили договор о нижеследующем:

1. Предприятие обязуется поставить, а Внешнеэкономическая организация принять и оплатить предназначенные для экспорта товары _____
_____
_____
(указывается наименование товара, их количество, номенклатура или ассортимент, комплектность).

2. Поставка производится в следующие сроки: _____
_____
(указать сроки: поквартально, ежемесячно равными партиями, равными партиями ежедекадно, ежесуточно, по согласованным графикам и др.)

3. Качество товаров должно соответствовать: _____
_____
(указываются номера, индексы, даты утверждения и органы, их утвердившие: международных стандартов, национальных стандартов, технических условий; описываются образцы (эталоны), порядок их представления и хранения; специальные технические условия, установленные для товаров, экспортируемых в районы с тропическим и влажным климатом).

Дополнительные требования к качеству поставляемой продукции _____
_____
_____

Соответствие качества товара условиям договора и заключенного с иностранным покупателем контракта должно подтверждаться сертификатом или другим документом, выдаваемым изготовителем или другой организацией по установленной форме.

Предприятие обязано поставить сверх запасных частей и принадлежностей, обеспечивающих использование товаров в пределах гарантийных сроков также _____
_____
(указывается номенклатура и количество запасных частей и принадлежностей, необходимых для обеспечения использования товаров в послегарантийный период).

Предприятие несет ответственность за качество товаров в пределах гарантийных сроков исчисляемых с момента проследования товаров через государственную границу; указывается иной момент начала исчисления гарантийного срока.

Гарантийные сроки составляют _____.

4. Предприятие не позднее _____ рабочих дней после отгрузки товара для экспорта направляет Внешнеэкономической организации счета-платежные требования и другие документы: _____ (указывается перечень документов).

Расчеты между сторонами за товары производится по ценам _____
_____
(указывается наименование, дата утверждения и орган, утвердивший обязательный для сторон документ о цене, либо цена, определенная сторонами самостоятельно).

Внешнеэкономическая организация вправе отказаться от акцепта счета-платежного требования полностью или частично в случаях: _____
_____
_____

Отчисления в пользу Внешнеэкономической организации составляют _____
_____
(указывается определенный в установленном порядке размер отчислений).

5. Поставка товаров Предприятием производится в установленные договором сроки в соответствии с уведомлениями о необходимости производить отгрузку, полученными от Внешнеэкономической организации, содержащими все данные, необходимые для отгрузки.

Досрочная поставка допускается только с согласия Внешнеэкономической организации.

Сдача товара Предприятием Внешнеэкономической организации будет производиться _____
_____
(указывается пункт сдачи товара, способы и условия его транспортировки).

Предприятие извещает Внешнеэкономическую организацию о готовности товара к отгрузке в, следующем порядке: _____
_____

6. Тара и упаковка должны соответствовать _____
_____
(указываются стандарты, технические условия, другая техническая документация; указываются конкретные требования к таре, упаковке).

Дополнительные требования к таре и упаковке консервации: _____
_____

Товар должен маркироваться _____ (на прикрепляемой бирке; указывается иной способ маркировки).

Предприятие использует следующие прогрессивные способы транспортировки и обеспечения сохранности товаров: _____
_____
(контейнеры, средства пакетирования, иные способы).

7. _____
(указываются отгрузочные реквизиты, если они известны при заключении договора).

8. Техническая и товаросопроводительная документация включает: _____
_____
(указываются соответствующие виды документации, предусмотренные действующим законодательством; по доверенности сторон с учетом требований иностранного покупателя другие подтверждающие надлежащее качество товара) и должна оформляться и рассылаться _____
(указывается порядок оформления и рассылки документации).

Техническая и товаросопроводительная документация составляется _____

_____ (на русском языке, на _____ языке).

Предприятие обязано до начала отгрузки товаров обеспечить за свой счет издание проспектов, инструкций по применению, эксплуатации и ремонту машин, оборудования и приборов, а также каталогов запасных частей к ним.

Проспекты, инструкции и каталоги составляются на _____
_____
(русском; русском и _____ языках).

9. Настоящий договор действует в течение _____ (5 лет; года; иной период действия договора с момента его заключения).

10. Прочие условия _____
_____

11. Взаимоотношения сторон в части не предусмотренной настоящим договором регулируются Основными условиями регулирования договорных отношений при осуществлении экспортно-импортных операций.

12. К договору прилагаются _____ (приводится перечень приложений).

13. Юридические адреса и реквизиты сторон:
Предприятие: _____
_____

Внешнеэкономическая организация: _____
_____

Подписи сторон:

Предприятие   Внешнеэкономическая
                                    организация
_____   _____

   М. П.   М. П.

Приложение 12

Договор купли-продажи товара

г. _____ "_____" _____ 20 ___ г.

_____, именуем ____ в (наименование предприятия, организации) дальнейшем "Продавец", в лице _____ (должность, фамилия, и. о.)

действующего на основании _____ с одной стороны,
(Устава, положения)

и _____, именуем ____ в (наименование предприятия, организации)

дальнейшем "Покупатель", в лице _____ (должность, фамилия, и. о.)

действующего на основании _____ с другой стороны, (Устава, положения)

заключили настоящий Договор о нижеследующем:

1. ПРЕДМЕТ ДОГОВОРА

1.1. В соответствии с настоящим Договором Продавец обязуется передать в собственность Покупателю товар в ассортименте и в количестве, установленных Договором, а Покупатель обязуется принять этот товар и уплатить за него определенную Договором денежную сумму (цену).

1.2. Ассортимент, количество, цена единицы товара и общая сумма сделки определяются в Перечне № 1 (спецификации), являющемся неотъемлемой частью настоящего Договора.

2. ЦЕНА И КАЧЕСТВО ТОВАРА

2.1. Цена единицы товара включает стоимость товара, упаковки, затраты по его доставке к месту хранения и по хранению на складе Продавца, оформлению необходимой документации, а также расходы по страхованию и транспортировке товара до места назначения.

2.2. Увеличение Продавцом цены товара в одностороннем порядке в течение срока действия Договора не допускается.

2.3. Качество товара должно соответствовать образцам и описаниям, прилагаемым к настоящему Договору.

3. ПРАВА И ОБЯЗАННОСТИ СТОРОН

3.1. Продавец обязан:

3.1.1. Передать Покупателю товар надлежащего качества и в обусловленном настоящим Договором ассортименте.

3.1.2. Не позднее _____ обеспечить отгрузку и доставку товара по адресу Покупателя или иного грузополучателя, указанного Покупателем в _____.

3.1.3. Обеспечить страхование товара.

3.1.4. В день отгрузки по телефону (телеграммой, телефаксом) сообщить Покупателю, а в случае указания о доставке иному грузополучателю — также этому грузополучателю — об отгрузке товара в адрес Покупателя (или иного грузополучателя, указанного Покупателем).

3.2. Покупатель обязан:

3.2.1. Обеспечить разгрузку и приемку проданного товара в течение _____ дней с момента его поступления в место назначения, за исключением случаев, когда он в праве потребовать замены товара или отказаться от исполнения данного договора.

3.2.2. Осуществить проверку при приемке товара по количеству, качеству и ассортименту, составить и подписать соответствующие документы (акт, приемки, накладную и т.д.).

3.2.3. Сообщить Продавцу о замеченных при приемке или в процессе эксплуатации недостатках проданного товара в срок _____.

3.2.4. Не позднее _____ за свой счет отгрузить в адрес Продавца возвратную тару.

3.2.5. Оплатить купленный товар в срок установленный Договором.

3.3. В случае невыполнения правил, предусмотренных п.п. 3.2.2.. 3.2.3 Продавец вправе отказаться полностью или частично от удовлетворения требований Покупателя о передаче ему недостающего количества товара замене товара, не соответствующего условиям данного договора, если докажет, что невыполнение этого правила Покупателем повлекло невозможностью удовлетворить его требования или влечет для Продавца несоизмеримые расходы по сравнению с теми, которые он понес бы, если бы был своевременно извещен о нарушении договора.

Если Продавец знал или должен был знать о том, что переданный Покупателю товар не соответствует условиям данного договора, он не вправе ссылаться на положения, предусмотренные настоящим пунктами 3.2.2..3.2.3.

3.4. В случаях, когда Покупатель в нарушение закона, иных правовых актов или настоящего договора не принимает товар или отказывается его принять, Продавец вправе потребовать от Покупателя принять товар или отказаться от исполнения договора.

3.5. В случаях, когда Продавец не осуществляет страхования в соответствии с Договором, Покупатель вправе застраховать товар и потребовать от Продавца возмещения расходов на страхование либо отказаться от исполнения договора.

3.6. Если Продавец отказывается передать Покупателю проданный товар, Покупатель вправе отказаться от исполнения данного договора.

3.7. Если Продавец не передает или отказывается передать Покупателю относящиеся к товару принадлежности или документы, которые он должен передать в соответствии с законом, иными правовыми актами или настоящим Договором, Покупатель вправе назначить ему разумный срок для их передачи.

В случае, когда принадлежности или документы, относящиеся к товару, не переданы Продавцом в указанный срок, Покупатель вправе отказаться от товара и потребовать возврата перечисленных Продавцу в уплату за товар сумм.

3.8. Если Продавец передал в нарушение данного договора Покупателю меньшее количество товара, чем определенно настоящим Договором, Покупатель вправе либо потребовать передать недостающее количество товара, либо отказаться от переданного товара и от его оплаты, а если товар оплачен, — потребовать возврата уплаченных денежных сумм.

3.9. Если Продавец передал Покупателю товар в количестве, превышающем указанное в данном Договоре, Покупатель обязан известить об этом Продавца в срок _____. В случае, когда в данный срок после сообщения Покупателя Продавец не распорядится соответствующей частью товара, Покупатель вправе принять весь товар.

В случае принятия Покупателем товара в количестве, превышающем указанное в данном Договоре, дополнительно принятый товар оплачивается по цене, определенной для товара принятого в соответствии с договором, если иная цена не определена соглашением сторон.

3.10. При передаче Продавцом предусмотренных данным Договором товаров в ассортименте не соответствующем Договору, Покупатель вправе отказаться от их принятия и оплаты, а если они оплачены, потребовать возврата уплаченных денежных сумм.

3.11. Если Продавец передал Покупателю наряду с товаром, ассортимент которого соответствует Договору, товар с нарушением условия об ассортименте, Покупатель вправе по своему выбору:

— принять товар соответствующий условию об ассортименте, и отказаться от остального товара;

— отказаться от всего переданного товара;

— потребовать заменить товар не соответствующий условию об ассортименте на товар в ассортименте, предусмотренном настоящим договором;

— принять весь переданный товар.

3.12. При отказе от товара, ассортимент которого не соответствует условиям Договора, или предъявлении требования о замене товара, не соответствующего условию об ассортименте, Покупатель вправе также отказаться от оплаты этого товара, а если он оплачен, — потребовать возврата уплаченных сумм.

3.13. Товар, не соответствующий условию данного Договора об ассортименте, считается принятым, если Покупатель в разумный срок после его получения не сообщит Продавцу о своем отказе от товара.

3.14. Если Покупатель не отказался от товара, ассортимент которого не соответствует данному договору, он обязан его оплатить по цене, согласованной с Продавцом. В случае, когда Продавцом не приняты необходимые меры по согласованию цены в разумный срок, Покупатель оплачивает товар по цене, которая в момент заключения Договора при сравнимых обстоятельствах обычно взималась за аналогичный товар.

3.15. В случае, когда товар передается без тары либо в ненадлежащей таре, Покупатель вправе потребовать от Продавца затарить товар либо заменить ненадлежащую тару.

3.16. Покупатель, которому передан товар ненадлежащего качества, вправе по своему выбору потребовать от Продавца:

— соразмерного уменьшения покупной цены;

— безвозмездного устранения недостатков товара в разумный срок;

— возмещения своих расходов на устранению недостатков товара.

3.17. В случае существенного нарушения требований к качеству товара (обнаружение неустранимых недостатков, которые не могут быть устранены без несоразмерных расходов или затрат времени или выявляются неоднократно либо проявляются вновь после их устранения, и других подобных недостатков), Покупатель вправе по своему выбору:

— отказаться от исполнения данного договора и потребовать возврата уплаченной за товара денежной суммы,

— потребовать замены товара ненадлежащего качества товаром, соответствующим Договору.

3.18. Покупатель вправе предъявить требования, связанные с недостатками товара, при обнаружении недостатков в течение гарантийного срока.

3.19. Если третье лицо по основанию, возникшему до исполнения Договора, предъявит Покупателю иск об изъятии товара, Покупатель будет обязан привлечь Продавца к участию в деле, а Продавец обязан вступить в это дело на стороне Покупателя.

Непривлечение Покупателем Продавца к участию в деле освобождает Продавца от ответственности перед Покупателем, если Продавец докажет, что, приняв участие в деле, он мог бы предотвратить изъятие проданного товара у покупателя.

Продавец, привлеченный Покупателем к участию в деле, но не принявший в нем участия, лишается права доказывать неправильность ведения дела Покупателем.

4. ГАРАНТИЙНЫЙ СРОК ТОВАРА

4.1. Гарантийный срок товара _____.

4.2. Гарантийный срок начинает течь с момента передачи товара Покупателю.

4.3. Если Покупатель лишен возможности использовать товар по обстоятельствам, зависящим от Продавца гарантийный срок не течет до устранения соответствующих обстоятельств Продавцом.

Гарантийный срок продлевается на время, в течение которого товар не мог использоваться из-за обнаруженных в нем недостатков, при условии извещения Продавца о недостатках товара в срок _____.

5. ПОРЯДОК РАСЧЕТОВ

5.1. Деньги за проданный товар перечисляются на расчетный счет Продавца в срок до "_____" _____ 20 ____ г. (в течение _____ дней после подписания Договора; подписания акта сдачи-приемки товара; поставки товара на склад Покупателя; получения железнодорожной накладной (извещения с контейнерной станции, сообщения о прибытии груза в аэропорт назначения, сообщения о прибытии корабля в порт назначения); получения сообщения об отправке вагона (эшелона) с товаром: реализации купленного товара).

6. ПОРЯДОК ОТГРУЗКИ

6.1. Товар отгружается в адрес Покупателя (грузополучателя), указанного Покупателем, железнодорожным (автомобильным, воздушным) транспортом. Отгрузочные реквизиты грузополучателя: _____
_____.

6.2. В течение _____ дней после отгрузки товара Продавец телефаксом или те леграммой уведомляет об этом Покупателя, а также сообщает ему следующие данные: реквизиты Перевозчика, доставляющего товары к месту назначения; наименование и количество единиц товара, вес брутто и нетто; ориентировочную дату прибытия товаров в место назначения.

6.3. Упаковка товара должна обеспечивать его сохранность при транспортировке при условии бережного с ним обращения.

6.4. Через Перевозчика Продавец передает Покупателю следующие документы: товарную накладную; свидетельство о происхождении товаров; сертификат качества, другие документы, предусмотренные настоящим Договором.

6.5. Обязательства Продавца по срокам передачи товара, номенклатуре, количеству и качеству товаров считаются выполненными с момента подписания акта сдачи-приемки представителями Продавца и Покупателя.

7. ОТВЕТСТВЕННОСТЬ СТОРОН

7.1. За несвоевременную передачу товара по вине Продавца последний уплачивает Покупателю штраф в размере _____ процентов от стоимости непоставленного товара, исчисленной согласно спецификации (калькуляции цены, Протоколу согласования цены), но не более, чем 100 процентов.

7.2. Продавец отвечает за недостатки товара, если не докажет, что недостатки товара возникли после его передачи Покупателю вследствие нарушения Покупателем правил пользования товаром или его хранения либо действий третьих лиц, либо непреодолимой силы.

7.3. За нарушение условий настоящего Договора стороны несут ответственность в установленном порядке. Возмещению подлежат убытки в виде прямого ущерба и неполученной прибыли. Бремя доказывания убытков лежит на потерпевшей стороне.

7.4. При необоснованном отказе от приемки товара Покупатель возмещает Продавцу убытки в виде прямого ущерба и неполученной прибыли, исходя из ставки коммерческого кредита в банке, который обслуживает Покупателя.

7.5. Право собственности на купленный товар переходит Покупателю _____ (в случае перевозки груза железнодорожным сообщением — с момента получения Продавцом товарно-транспортной накладной; при отправке самолетом — с момента получения Продавцом багажной квитанции; при отправке смешанным сообщением — при сдаче багажа на первый вид транспорта и получения первого багажного документа).

Риск случайной гибели несет собственник в соответствии с действующим гражданским законодательством России.

8. ФОРС-МАЖОР (ДЕЙСТВИЕ НЕПРЕОДОЛИМОЙ СИЛЫ)

8.1. Ни одна из сторон не несет ответственности перед другой стороной за невыполнение обязательств, обусловленное обстоятельствами, возникшими помимо воли и желания сторон и которые нельзя предвидеть или избежать, включая объявленную или фактическую войну, гражданские волнения, эпидемии, блокаду, эмбарго, землетрясения, наводнения, пожары и другие стихийные бедствия.

8.2. Документ, выданный соответствующим компетентным органом, является достаточным подтверждением наличия и продолжительности действия непреодолимой силы.

8.3. Сторона, которая не исполняет своего обязательства вследствие действия непреодолимой силы, должна немедленно известить другую сторону о препятствии и его влиянии на исполнение обязательств по Договору.

9. РАЗРЕШЕНИЕ СПОРОВ

9.1. Все споры по настоящему Договору решаются путем переговоров.

9.2. При недостижении согласия споры решаются в арбитражном суде в соответствии с правилами о подсудности на основании законодательства РФ.

10. СРОК ДЕЙСТВИЯ ДОГОВОРА

10.1. Настоящий договор распространяется на выполнение одной сделки и может быть пролонгирован дополнительным соглашением сторон только в случае просрочки исполнения без вины сторон.

10.2. Срок действия Договора _____ месяцев с "_____" _____ 20 ____ г. по "_____" _____ 20 ____ г.

10.3. Договор может быть расторгнут.

10.3.1. По соглашению сторон.

10.3.2. По другим основаниям, предусмотренным настоящим Договором и действующим законодательством.

11. ЗАКЛЮЧИТЕЛЬНЫЕ ПОЛОЖЕНИЯ

11.1. Настоящий Договор составлен в двух экземплярах, имеющих одинаковую юридическую силу, по одному экземпляру для каждой из сторон.

11.2. Другие условия по усмотрению сторон _____

11.3. К Договору прилагаются:

_____

_____

12. ЮРИДИЧЕСКИЕ АДРЕСА И ПЛАТЕЖНЫЕ РЕКВИЗИТЫ СТОРОН

ПРОДАВЕЦ   ПОКУПАТЕЛЬ

_____   _____

(индекс, адрес, расчетный и   (индекс, адрес, расчетный и

валютный счета)   валютный счета)

_____   _____

(должность, подпись)   (должность, подпись)

М. П.   М. П.

Словник

А

аббревиатура〈复合〉缩写语;略写词　6 – Т – II①
автобиография 个人简历,生平自述　2 – Д – I②
агентство 代理处,代办处,分销处,支行,支店,办事处　3 – Д – I
адресат 收信人,收件人　3 – Т – II
аккредитив 信用证;付款凭单　6 – Д – III
актуальный 具有现实意义的,迫切的　7 – Т – I
акт 法令;决定;行为,行动;证书,证明文件　6 – Т – III
акцизный 消费税的　9 – Т – I
акционерный 股票的,股份的;股东的　2 – Т – III
алименты（复）赡养费　9 – Т – II
алкогольный 酒的,含酒精饮料的　9 – Т – I
аннулировать[完,未] 取消,废除,宣告无效　10 – VII
арбитраж 仲裁,公断;套购,套汇,套利　6 – Д – II
аренда 租赁,租借（指不动产）　2 – Т – I
ассортимент（商品或产品的）品种、种类的总和;一整套,全套（物品）　7 – Т – III
аукцион 拍卖,竞卖　2 – Т – I

Б

багаж 行李　1 – Т – I
багажник（汽车的）后背箱　8 – Д – I

бартерный 易货贸易的,换货贸易的;交换的　6 – Д – I
бартер 物物交换,以物易物;交换　6 – Д – I
бензоколонка 汽车加油站　8 – Д – I
биржевой 交易的;交易所的;股票的　4 – Т – I
благотворительный 慈善的,募捐的　9 – Д – I
БМВ（德国产）"宝马"牌轿车　8 – Д – II

В

вакансия 空缺,空位子,空额　2 – Д – I
валюта 外币,外汇　2 – Т – I
варьировать[未]〈文语〉使变体,使变形;采用不同的做法(说法)　6 – Т – I
ввоз 运进,运入　1 – Т – I
вдоль〈前〉(кого-чего) 沿着,顺着　6 – Т – II
величина 量,数;值　4 – Д – I
взиматься 征收　9 – Т – I
взнос 缴纳,缴款;出资;款项　4 – Т – IV
витрина 橱窗　3 – Т – I
вклад 存款;存入,放入　2 – Т – I
внебюджетный 预算外的　9 – Т – I
внедрение 采用,应用;贯彻,实行;推广　2 – Т – III
внезапный 突然的,意外的　5 – Д – II
возлагаться[未], возложиться[完]①на кого-что（责任等）落到身上,担负;
②委托,交托,托付　6 – Т – II
возмещать[未], возместить[完]что 补偿,弥补,赔偿　5 – Т – III

---

① 6 – Т – II：РАЗДЕЛ 6 - Текст – II
② 6 – Д – I：РАЗДЕЛ 2 - Диалог – I

возмещение 补偿,赔偿 10 - VII
возрождаться[未]
　возродиться[完]①复兴,恢复,振兴;再现,重新产生;②产生,出现 7 - Д - II
восстановление 恢复,复兴,修复,重建;再生,振兴 2 - Т - III
вправе[副](用作谓)有权,有理由 6 - Д - III
вывеска 招牌,牌匾 3 - Т - I
выкладка 陈列,摆出,摆上,拿出 6 - Т - II
выплата 支付,偿付;费用,津贴 4 - Д - I

Г

гарантировать[完,未]что 保证,对……给于保证 4 - Д - I
гибель 灭亡;(非自然)死亡;〈转〉破灭,毁灭 5 - Т - III
гимназия 中学 2 - Д - I
грант 奖励基金 9 - Т - II
грузоотправитель 发货人 6 - Т - III
грузополучатель 收货人 6 - Т - III
группироваться[未]
　сгруппироваться[完](单数第一、二人称不用)集结;类集;集聚;集合 4 - Т - I

Д

дарение 赠与,赠送 9 - Т - I
декларация〈专〉报单,申报单;〈书〉宣言,声明 1 - Т - I
демонстрационный 演示的;展示的;(电影等)放映的 7 - Т - IV
демонстрация 演示,展示;示威,抗议 7 - Т - II
демонстрировать[未]
　продемонстрировать[完]кого-что 显示;展出;放映 4 - Т - V
депозит 存款;提存;提款 4 - Т - IV
дефектный 有毛病的,有缺点的 10 - VII
динамично 快速地 4 - Т - III
доверять[未]
　доверить[完]кого-что кому-чему(信)托,付托,委托 4 - Т - IV
доля 份额,比重 2 - Т - I
донор 供血者 9 - Т - II

допоставка 补充供给 10 - VII
допускать[未]
　допустить[完]что 或接不定式,准许,容许(做某事) 3 - Т - II
доработка 补工 10 - VII
досконально 详尽地,确切地 1 - Д - I
доход 收入 9 - Т - I
древесина〈集〉木材 2 - Т - III

Ж

Женева 日内瓦[瑞士] 6 - Т - II
животноводство 畜牧业;畜牧学 9 - Т - II

З

Забайкалье 外贝加尔[地区] 7 - Т - I
заверять[未],заверить[完]что 证明,证实 9 - Д - II
заголовок 标题;(书、著作等的)题目,名称 3 - Т - II
заготовка 征购,采购,收购;采伐 2 - Т - III
задержка 拖延 10 - VII
законодательство(某一国的或有关方面的)法律,法令,立法 2 - Т - I
закупать[未],закупить[完]что(成批地、大量地)购买,采买,采购 6 - Д - I
залог 押金;保证金 8 - Т - III
занятость 就业 9 - Т - I
заочно 函授 2 - Д - I
запас 储备;储备品 8 - Д - I
заправлять[未],заправить[完]что 给……上(油),加油 8 - Д - I
запрашивать[未],запросить[完]кого-что,о чем 询问,咨询 10 - II
запрос 查询,函询;(复)要求,需要 2 - Д - II
застрахованный〈名〉投保人,被保险者 5 - Т - I
затрата(常用复)费用,开支;消耗 3 - Т - I
заявка 申请(给予某种权力),申请书 7 - Т - III

И

игорный 赌博的 9 - Д - I

идентификационный 识别的	9 – Т – I
идентифицировать[完,未] кого-что〈文语〉把……等同起来, 确定……是同一的	3 – Т – II
извещение 通知	6 – Д – III
издержки〈复〉花费,费用,成本	6 – Т – III
именной 记名的,指名的,有名字的	2 – Т – II
импортер 进口商,输入者	10 – II
имущество 财产,产业	9 – Т – I
инвестиция 投资	2 – Т – I
инвестор 投资人	2 – Т – III
индекс（邮政）编码；代号	10 – I
индивидуальный 个人的,个人经营的	2 – Т – II
инкассо[中,不变]〈银〉代收,托收	6 – Д – III
Инкотермс 国际贸易术语解释通则	6 – Т – II
ИНН 纳税人识别号（码）	9 – Т – I
инспектор 检查员	8 – Т – I
инспекция 检查；检查机关,检查院	6 – Д – II
инфляция 通货膨胀,通货充斥	4 – Т – V
ипотечный（不动产）抵押的,抵押借款的	4 – Т – I
исключение 例外	9 – Т – II
исключительный 专有的,持有的；超出常规的,例外的；异常的	4 – Т – II
истекать[未],истечь[完]〈公文〉(时间)过去,期满	1 – Д – I
источник 来源,源泉	9 – Т – II
исчисляться[未]〈文语〉(其)数量为,共计	5 – Т – I

К

капитал 资金,资本	2 – Т – I
каталог 产品目录,产品说明书,产品样本；目录；一览表	2 – Д – II
категория 种类,范畴；等级,类别	4 – Д – II
квартал 季度；街区	10 – III
кегельбан 地球（比赛场）,滚球场	1 – Д – II
клиент 客户,顾客	4 – Т – III
кодекс[дэ 及 де]法典；〈转〉(道德、品行、思想等)准则,规范	5 – Т – I
коммунальный 市政的；公用的,公共的	4 – Т – III
компенсационный 补偿的	9 – Т – II
компетенция〈文语〉专长,擅长；所学(所知)范围	7 – Т – II
компромисс〈法〉仲裁协议；妥协,折衷	6 – Т – I
компьютеризация 计算机化	4 – Т – I
кондиционер 空调	8 – Д – I
конкурентоспособность 竞争力	2 – Т – III
конкуренция 竞争；竞赛	4 – Т – V
коносамент 提单	10 – V
конституция 宪法	4 – Т – II
консультация 答疑	9 – Д – II
консультировать[未] проконсультировать[完]кого-что 或无补语,提供意见,答疑	3 – Д – I
корреспондент 同业(银)行,往来(银)行,代理(银)行	4 – Т – I
корреспонденция 函电；信函	10 – I
кредитный 信贷的,信用的,贷款的	4 – Т – I
крупногабаритный〈技〉大型的,尺寸大的	3 – Т – I
крушение(车、船等)遇难,遇险	5 – Т – III

Л

лидер 领袖,首领；(比赛中)领先者	5 – Т – II
лидировать[未]领先,占先	7 – Т – I
литр 升,公升	1 – Д – I
лицензионный 许可证的	9 – Д – I
лицензия 许可证	4 – Т – II
лотерея 抽奖	9 – Д – I
льгота 优待,优惠,特惠	2 – Т – III
люкс[不变,形]豪华的,上等的；[用作名词](旅馆、船舱、车厢等的)特等间,豪华间	4 – Т – IV

М

маркировка 运输标志,唛头	6 – Д – II
мероприятие 措施	7 – Т – V
металлорежущий 金属切削(割)的	10 – II
мощность 生产能力,生产量；功率	2 – Т – III
муниципальный 自治市(镇)政府的	4 – Т – IV

Н

наделять［未］,наделить［完］
　кого-что ,чем 分拨,分给　　　4－Т－Ⅰ
надзор 监视,监督,监察　　　　4－Т－Ⅰ
наемный 雇佣的　　　　　　　2－Т－Ⅱ
наименование 名称　　　　　　10－Ⅰ
накладная〈名〉运单;提货单;发货单　6－Т－Ⅲ
налагать［未］,наложить［完］что
　处以;加以　　　　　　　　　8－Т－Ⅰ
налагаться［未］处以;加以　　8－Т－Ⅰ
налаживание 调整好;修复,修好;
　建立（联系）　　　　　　　　2－Т－Ⅲ
налаживать［未］
　наладить［完］что①建立起,搞好,
　安排好,组织好;② 修复,修好;调整好7－Д－Ⅰ
наличные［复,用作名词］现金,现款　6－Д－Ⅲ
налогообложение 课税,征税　　9－Т－Ⅰ
налогоплательщик 纳税人　　　9－Т－Ⅰ
наследование 继承　　　　　　9－Т－Ⅰ
начислять［未］,начислить［完］
　что〈会计〉加算　　　　　　6－Д－Ⅲ
начисляться［未］,начислиться［完］
　被加算;被记上　　　　　　　4－Т－Ⅳ
недвижимость 不动产　　　　　5－Д－Ⅱ
незамедлительный 立刻的,刻不容
　缓的　　　　　　　　　　　　10－Ⅶ
неотложный 刻不容缓的,紧急的　4－Т－Ⅴ
неотъемлемый 不可分割的,不可剥
　夺的　　　　　　　　　　　　7－Т－Ⅲ
непреодолимый 不可抵抗的,无法
　克服的　　　　　　　　　　　10－Ⅳ
неравномерно 不平均,不均匀,不
　均衡　　　　　　　　　　　　4－Т－Ⅰ
несоответствие чему 与… …不相
　符合　　　　　　　　　　　　10－Ⅶ
нетрудоспособность 丧失劳动能力　9－Т－Ⅱ
неустойка 违约金,赔偿费　　　10－Ⅳ
новинка 新东西;新产品;新发明,新
　发现　　　　　　　　　　　　3－Т－Ⅰ
нотариально 公证地　　　　　9－Д－Ⅱ

О

обеспечивать［未］

обеспечить［完］кого-что,
　чем 充分供给,保证供应　　　2－Т－Ⅲ
облагаться［未］课税,征税　　9－Т－Ⅰ
обложение 课,征,令纳（税捐、罚款
　等）　　　　　　　　　　　　1－Т－Ⅰ
оборудование 设备,装备　　　2－Т－Ⅲ
обоснованный 有根据的,理由充分的 10－Ⅶ
обрекать［未］
　обречь［完］кого-что на что〈文语〉使注
　定必遭,使必遭　　　　　　　7－Т－Ⅱ
обуздывать［未］
　обуздать［完］кого-что〈雅〉抑制,
　遏制,控制;约束　　　　　　　4－Т－Ⅴ
оптовый 批发的　　　　　　　6－Д－Ⅰ
отгрузка 装运,起运,发货　　　6－Д－Ⅲ
отдельный 单独的,单个的;独立的　4－Д－Ⅱ
отклонение 拒绝　　　　　　　10－Ⅴ
отсрочиваться［未］,отсрочиться
　［完］被延期,缓期　　　　　6－Д－Ⅲ
отчетность 报表制度;财目;会计制
　度;报销单据　　　　　　　　4－Т－Ⅱ
оформление 手续;形成　　　　9－Т－Ⅲ
охватывать［未］,охватить［完］
　包括　　　　　　　　　　　　9－Т－Ⅰ

П

панно〈中,不变〉（用作装饰墙壁和天花板的）
　绘画,雕刻,雕刻板,广告板　　3－Т－Ⅰ
папка 夹子;文件夹　　　　　　3－Т－Ⅰ
парковать［未］что 停放　　　8－Д－Ⅰ
парковка 泊位　　　　　　　　8－Д－Ⅰ
пеня 罚金,罚款　　　　　　　10－Ⅶ
перевооружение 重新装备,设备更
　新,改装　　　　　　　　　　2－Т－Ⅲ
перечень,чня 清单,名单,目录　7－Т－Ⅲ
перечислять［未］, перечислить
　［完］кого-что 列举　　　　　4－Д－Ⅱ
пик 高峰,顶点　　　　　　　　8－Д－Ⅰ
плакат 宣传画,招贴画;标语　　3－Т－Ⅰ
платеж, -ежа 支付,付款　　　5－Т－Ⅰ
платежный 支付的,付款的,缴纳的　4－Т－Ⅱ
повод 理由,口实,借口 по поводу
　чего 关于;由于;为了　　　　3－Д－Ⅰ

повреждение	损坏,损伤;破坏	5 - T - III
поврежденный	弄坏的,毁坏的;弄伤的	6 - Д - IV
подключение	接入,接上,接通;〈转,口语〉联络,吸收	7 - T - III
подоходный	按所得计征的	9 - T - I
подробность	〈阴〉详情,细节	7 - Д - I
подсобный	辅助的	9 - T - II
полиграфический	印刷的	7 - T - V
полис	保险单	8 - T - I
положительный	肯定的;认可的;同意的,赞同的	3 - T - II
помещение	(住人、放物的)处所,室,房间	7 - T - IV
помимо	[前]чего 除……外	4 - T - III
понадобиться	[完]кому 需要,用得着	8 - Д - II
поручитель	担保人	4 - Д - II
поручительство	担保,保证;保证书	4 - Д - II
пособие	补助金,津贴;教科书;参考书	9 - T - II
посреднический	中介的	2 - T - I
поставка	供给,供应;供货,交货	2 - T - III
поставщик	供应人(单位),供货人(单位),交货人(单位)	6 - Д - IV
пострадавший	〈名〉受害者	5 - Д - I
потенциальный	〈书面语〉潜在的,潜藏的;可能的	3 - T - I
потребительский	消费者的;购买者的;消费性的	3 - T - I
пошлина	关税;手续费	1 - T - I
правдивый	真实的,实在的,与事实相符的	3 - T - I
правомочный	〈法〉有权能的,有权的	6 - T - III
предварительный	预先的,事先的	10 - V
предоплата	预付,提前付款	6 - Д - III
предпринимательский	企业家的,企业主的	2 - T - I
предпринимательство	企业家的活动;投机勾当	2 - T - II
представительство	代办处,代表机构;代表团	4 - T - III
предусматривать	[未]	
предусмотреть	[完]что 规定;预见到	8 - T - I
презентационный	展示的,展览的	7 - T - V
презентация	〈商〉提出(票据等),(票据等)持兑	7 - T - II
преимущество	优势,优点,优越性	4 - T - IV
прейскурант	价格表,价目表,定价表	2 - Д - II
премия	奖金	2 - T - I
пресса	刊物,报刊;〈集〉报界	3 - T - I
престиж	威信,威望	4 - T - IV
претензия	索赔	10 - VII
прибыль	利润	2 - T - I
приграничный	边境上的,边境附近的	4 - T - III
приемлемый	〈文语〉可以接受的;可以同意的	6 - Д - I
прилагать	[未]	
приложить	[完]что 附上,附加上	10 - III
присваиваться	[未]	
присвоиться	[完]кому - чему 被赋予,被给予(权利等);被授予(称号);以命名	5 - T - II
пристегиваться	[未]	
пристегнуться	[完]扣上,扣住,扣上安全带	8 - Д - I
приступать	[未]	
приступить	[完]к кому - чему 开始,着手,动手	2 - Д - I
прицеп	挂车,拖车	8 - T - I
причинение	〈法〉损害,加以危害	5 - Д - II
пробка	堵塞;瓶塞;塞车	8 - Д - I
прогнозирование	预报,预测	4 - T - II
производительность	生产能力,生产(效)率;产量	2 - T - I
происхождение	(商品)原产地;起源	10 - V
прокат	出租,租用(动产)	8 - T - III
просрочка	逾期,过期	10 - VII
проявляться	[未]	
проявиться	[完]表现出来,显出来	2 - T - I
пульс	脉,脉搏	7 - T - II
пункт	条(款),项;地点	10 - IV

Р

разветвленный	设分部的,有分支机	

构的 4-Т-III
размер 数额;大小;面积;体积;尺寸 2-Т-I
размещение 配置,配备,布置,分布;布局 3-Т-I
разрабатывать[未]
　　разработать[完] что 研制,制订,提出 4-Т-II
разрабатываться[未]
　　разработаться[完] 深入研究,详细制定;运转正常,被修整好,调整好 2-Т-III
располагать[未]
　　расположить[完] чем 拥有,具有,掌握 4-Т-III
распоряжаться[未]
　　распорядиться[完] чем 处理,料理;支配,使用 2-Т-II
распределение 分配 4-Т-I
рассрочка 分期;分期付款,分期偿还 4-Т-V
растениеводство 种植业;植物栽培学 9-Т-II
расторжение 解除,废除 10-VII
расценка 单价,定价 3-Д-I
расчет 结算,计算 9-Д-II
регистрация 登记(入册),注册;挂号;记录 2-Т-I
регистрироваться[未]
　　зарегистрироваться[完] 登记,注册 2-Т-II
регламентироваться[完,未] 被定出规则,被制定细则,被严格要求 6-Т-III
регулирование 调整,调节,调控 4-Т-I
рейтинг 成就率(对某人成就的评价),知名度 5-Т-II
реквизит 应填事项(项目),要素 10-I
рекламация〈商〉(由于商品质劣、分量不足等)索赔,要求赔偿 6-Д-IV
рекомендация 介绍(信),推荐(信);方案 10-II
репутация 名声,名誉,声望 5-Т-II
риск 风险,可能的损失;〈保〉保险事故 5-Т-I
роскошь 豪华 9-Т-I
руль 方向盘 8-Т-I

С

сауна 桑拿浴 1-Д-II
сбор 税,费;征收 9-Т-III
сбыт 推销,销售;销路 2-Д-II
свидетельство 毕业证;证明,证据 2-Д-I
своевременно 及时地,按时地 10-VII
свойство 性质,性能,属性;特性,本性 3-Т-I
связываться[未]
　　связаться[完] с кем-чем ①建立联系;建立关系,密切联系;②(用绳子)互相拴在一起;③(用通信工具)进行联系,接通 7-Д-I
сделка 成交,交易;契约,合同,协定,议定书 6-Т-I
сектор 部门;部分 10-I
скидка 打折,折扣 3-Д-I
склад 仓库,库房,储藏库 2-Т-II
складываться[未]
　　сложиться[完](第一、二人称不用)建立,形成,确立 6-Т-I
скот 家畜,牲畜 9-Т-II
слоган [英 slogan]简短而能打动人心的广告标题;广告词;口号 3-Т-II
смеха 略图,简图,图解,示意图 7-Т-III
смешанный 混合的;合营的 2-Т-II
снабжать[未]
　　снабдить[完] кого-что, чем ①供给,供应,提供;②附上;增补,补充安装上 7-Т-IV
собственник 所有者;私有者 2-Т-II
согласно [前]кому-чему 或 с кем-чем 依照,按照,根据 2-Т-II
содействовать[完,未] кому-чему 协助;促进,有助于 4-Т-I
солярий 日光浴场(浴室) 1-Д-II
сохранность 完善保存;完整无缺,完好无损 7-Т-IV
спиртной 酒精的 1-Д-I
справедливый 公正的,公平的 9-Д-II
справка 介绍信,证明(书) 4-Д-II
сопроводительный〈公文〉附上的,随同寄出的(常指函件),附加文件 10-V
срабатывать[未]
　　сработать[完]①(只用完)что

俄语	释义	位置
	做成,做好,制成;②(机器等)动起来,起作用;开动起来	3-Т-I
срочность	加急	3-Д-I
ссылка	引文,引句;摘录	6-Т-II
стаж	(工)龄年限	8-Т-III
стандарт	标准,规格	6-Т-II
статистический	统计的;统计学的	4-Т-II
статус	地位;状态	2-Д-II
стенд[тэ]	陈列架,陈列台,展览台	7-Т-III
стимулировать[完,未]	кого-что 刺激,促进,推动,鼓励	7-Д-II
страхование	保险	4-Т-I
страхователь	投保人,被保险者	5-Т-I
строение	建筑物,房屋	5-Д-II
стройиндустрия	建筑工业,建筑业	7-Т-II
субъект	主体	2-Т-II
сюрвейер(或 сюрвайер)〈海〉验船师,船舶检验员;海损鉴定员,鉴定人		5-Т-III

Т

талон	票;券;单据	8-Т-I
таможенник	海关人员	1-Т-I
тариф	税率;费率;价目(表)	3-Д-I
тарифный	税率的,费率的	5-Т-I
текущий	现在的,目前的	10-III
телекс	电传	10-I
телесъемка	电视摄影	9-Д-I
транзитный	过境运输的,直达运输的	9-Т-III

У

убыток	亏损,损失	3-Т-II
угон	被偷,被盗	5-Д-I
удельный	〈理,技〉比的,比率的,单位的	4-Т-III
удовлетворять[未] удовлетворить[完] кого-что 使得到满足,使满意,使如愿以偿;答应要求		5-Т-I
удостоверение	证明书,证件;证明	8-Т-I
улаживать[未] уладить[完] что ①解决好,安排妥善;②〈口语〉整顿,安排好		6-Д-III
умелый	有本领的,有本事的,有技巧的	3-Т-I
универсальный	多方面的,包罗万象的,广博的;(指人)知识渊博的,多才多艺的;万能的,通用的	7-Т-I
упаковка	包装	3-Т-I
устав	章程	2-Т-I
устойчивость	稳定性,固定性	4-Т-II
устраивать[未] устроить[完] кого-что 使满意,合适,方便		4-Д-I
утомительный	令人疲劳的;令人厌倦的;令人不耐烦的	1-Т-I
уточнение	更准确地说明,更详细地说明	6-Д-I
утрата	丧失,遗失,损失	5-Т-III
учет	核算,统计	9-Д-II
учредитель	〈公文〉创立人,创办人	2-Т-I

Ф

факс	传真	10-I
фактурный	〈商〉发票的,发货单的	6-Т-I
факультативный	附加的	9-Т-III
фермер	农场主	9-Т-II
филиал	分公司,分厂,分店,分行	2-Д-II
финансовый	财政的,财务的;金融的	2-Д-II
Фольксваген	大众牌轿车	8-Д-II
формула	公式,形式	10-I
формуляр	登记卡;履历表	8-Д-II
форс-мажор	不可抗力	6-Д-II
фотоматериал	摄影材料	10-III
франко-вагон	车上交货价格	10-III
Франкфурт-на-Майне 〈美因河畔〉法兰克福[联邦德国]		7-Д-II
функционирование	工作,经营业务;起作用,发挥职能	4-Т-II

Х

Хонда(日本产)"本田"汽车		8-Д-II
хранилище	库,库房,贮藏库;保存所,贮藏处	7-Т-IV

Ч

чартер(飞机、船只、车辆等)租赁,
  包租;租船合同,租船契约　　　6 – T – III
чертеж 图纸,图,平面图　　　　10 – II

Ш

шапка 〈专〉印在俄文信函左上角的
  发信人名称、地址、联系方式等　10 – I
штраф 罚款　　　　　　　　　8 – T – I

Э

экологический 生态的　　　　　9 – Д – I
экспертиза (专家)鉴定,检验　　10 – VII
экспозиция 陈列品,展品　　　　7 – T – II
экспонат(展览会、博览会的)陈列品,
  展览品　　　　　　　　　　　7 – Д – I
экспортер 出口者,输出者　　　　10 – II
экспортировать[完,未] что 输出,
  出口　　　　　　　　　　　　2 – Д – II
экспортный 出口的,输出的　　　2 – T – III
экспресс-[复合词第一部分]表示
  "快的","紧急的"　　　　　　4 – T – V
электрифицированный 电动的;
  通电的,有电;电气化的　　　　3 – T – I
эмиссионый 发行(纸币、债券)的　4 – T – I
эмоциональность 情感性;感染力;
  激情　　　　　　　　　　　　3 – T – II
эмоция 情感　　　　　　　　　3 – T – II
эффективность 效率,效力　　　2 – T – I

Ю

ювелирный 珠宝的,首饰的;〈转〉精巧
  的,精致的　　　　　　　　　7 – Д – II